株式会社 FeelWorks
代表取締役
前川孝雄
Takao Maekawa

株式会社 働きがい創造研究所
取締役社長
田岡英明
Hideaki Taoka

もう、転職はさせない!

一生働きたい職場のつくり方

Happy Workplace

実業之日本社

はじめに

今こそ、中小企業にとって大きなチャンスが訪れている

株式会社ＦｅｅｌＷｏｒｋｓ代表取締役　前川孝雄

私は、リクルートで様々なキャリア支援メディア編集長を務めていた前職時代から、ＦｅｅｌＷｏｒｋｓを起業し、現在に至るまで約30年にわたって、現場で働く一人ひとりの気持ちに寄り添ったキャリア支援、人材育成、組織開発に深く関わり続けています。

「人が育つ現場」創りに向けて、一貫して現場で働く人たち同士のコミュニケーション改革に取り組んできました。長いようで短い30年でしたが、この間に働く人たちを取り巻く環境、そして彼ら彼女らの意識はガラッと変わったことを実感しています。

読者のみなさんもよく覚えていると思いますが、ちょうど30年前、バブル時代によ

く流されていたエナジードリンク『リゲイン』のCMのキャッチコピーに「24時間戦えますか？」というものがありました。あの頃の、働く人たちの気持ちをよく表しているメッセージでしたよね。

ところが、そこから四半世紀経った2014年にリメイクされた同じ商品のCM中に出てくるコピーは、「24時間戦うのはしんどい。3、4時間戦えますか？」に変わりました。これも、バブル時代とは大きく変わった働く人たちの気持ちを象徴していると思います。

戦後の高度成長期からバブル時代にかけては、夫が外に出て仕事に専念し、妻が家庭を支えるという役割分担が成立していました。しかし、バブルが弾け、労働力人口が減少し、共働き家庭と単身世帯が増えたことで、その前提は徐々に崩れていきます。

また、製造業からサービス業に国内の産業構造の中心がシフトし、**一人ひとりによりクリエイティブな仕事が求められるようになったことにより、かつてのように「時間＝成果」ではなくなってきました。**「24時間戦えますか？」に象徴される昭和の働き方はもはや通用しない時代になっているのです。それどころか、2018年に働き方

改革関連法案が成立したことにより、**長時間労働を強いる企業は法により罰せられる時代に様変わりした**のです。

今は、子育て中の女性など制約がある人も、働けるのであれば限られた時間、限られた場所で働いてほしいと企業は考えるようになっていますし、ひたすら時間をかけるのではなく、短い時間で成果を出すことを求めるようになっています。それが「働き方改革」という流れに集約されているのは、読者のみなさんもご存じの通りです。

「働き方改革」が日本全体で大きなテーマとなり、大企業で改革が進み始めた状況を受け、次のステップとして「中小企業にも働き方改革を！」といった意見や報道も目立つようになってきました。

こういった意見・報道が出てくる背景には、「中小企業は大企業より遅れている」という先入観があります。しかし、私自身多くの中小企業の現場を見てきた中で感じるのは、ひとくちに中小企業と言っても、この国の99％を占める企業の中身は千差万別だということです。

中小企業の中にも、「人を活かす」経営を実現し、人が集まっている企業はいくつもあります。大企業より先進的な取り組みをしている企業も少なくありません。ですから、**「大企業をお手本に中小企業も変わるべき」などというのはあまりに雑な議論と言わざるをえません。**

私はむしろ、今の時代は中小企業にとってチャンスなのではないかと考えています。

なぜか。時代の変化とともにルールが変わったからです。

かつて、働く人たちは、自分の時間のすべてを会社に捧げることにより、その対価として、お金や地位を得ることを求めていました。お金や地位で応える勝負であれば、当然のことながら大企業が有利です。

では、今、働く人たちは何を求めるようになっているのでしょうか。

もちろん、経済的豊かさも求めてはいますが、決してそれだけではなくなっていま

す。むしろ、そうではないほうの価値を重視する人たちが増えているのです。

「働く」とは「〝はた〟を〝らく〟にする」こと。この原点に立ち返り、**「誰かの役に立つこと」によって感じられる「働きがい」を大切にする人たちが増えているのです。**特に企業にとって重要な、仕事に意欲的で能力も高い、将来中枢を担う優秀な人材ほどその傾向が強くなっています。これは、私自身、多くの働く人たちと接する中で強く実感していることです。

そう、今の時代は、「お金」とは別のモノサシとして「働きがい」が重視されるようになってきているのです。

そこに思い至ると、今の働き方改革に欠けているものにも気づくはずです。時間や休みやお金に関する議論ばかりで、肝心の「働きがい」に関する議論が抜け落ちているのです。「働き方改革」の主語は現場で働く人のはずが、国が求めているのは、経営者の「働かせ方改革」です。長時間労働の是正や、同一労働同一賃金の導入なども確

かに大切なことではありますが、**本当に必要なのは現場で働く一人ひとりの「働きがい」を創出するための改革です。**

この点で、中小企業は大企業より有利なのです。

大企業は組織が大きく業務が細分化されているため、一人ひとりが「誰かの役に立っている」ことを実感し、「働きがい」を得ることが難しい構造になっています。部門によっては、エンドユーザーと接する機会がまったくないことも珍しくなく、働き方改革で効率化が進められた結果、社内のコミュニケーションも減少傾向。会社の中で誰かの役に立っていることを実感する機会すら失われつつあります。

一方、**中小企業は、規模が小さいため、エンドユーザーとの距離が近い。直接クレームを言われることも多いでしょうが、「ありがとう」の言葉を聞く機会も多いはずです。**自分が担当する業務フローの幅も大企業と比べれば大きいですから、**自分がその「ありがとう」にどのように貢献できたかも実感しやすい。**また、共にビジネスを形作る社内のメンバー一人ひとりの顔も見えますから、**社内の誰に役立っているのかを感じる機会も多いはずです。**

改革を進める上でも、組織が小さいことはメリットです。経営者がリーダーシップを発揮すれば、巨大組織では膨大な時間や合意形成が必要になり、中途半端に陥りがちな改革も、**中小企業ならスピーディーに徹底的に実現することが可能です。**

このように、「働きがい」を創出する組織作りに関しては、中小企業は大企業に対してアドバンテージがあり、勝てるチャンスがあるのです。

本書では、私たちが数多くの企業の現場を見る中で、あるいは改革のお手伝いをする中で学んできた、「働きがい」を創出する組織作りに必要な考え方、手法、具体的事例を紹介します。**人集めに苦労し、社員の離職に頭を痛めている中小企業の経営者のみなさんにとって、明日からの行動を変える数々のヒントがここにはあります。**

無理をして大企業の真似をせずとも、中小企業だからこそできるやり方で、人がイキイキと働く組織を作り上げ、会社を発展させることができるのです。

人材難の現代。中小企業経営者にとって、時代の風は一見逆風に感じられるかもしれません。しかし、もう一度言いましょう。むしろ今こそがチャンスなのです。

大人たちがイキイキと働くことができる社会に

株式会社働きがい創造研究所　取締役社長　田岡英明

私が、製薬会社を退職して人材育成コンサルタントに転職したきっかけは、課長になって参加した異業種交流研修で建築家の安藤忠雄さんが発したこんな言葉にありました。

「今、日本の子どもたちの目が死んでいる。君たちはリーダーを目指すんだろう。どうにかしないと日本がダメになるよ」

この言葉が胸に突き刺さり、私なりに、なぜ子どもたちの目が死んでいるのかを考えました。考えた末に得た結論は「子ども達にその背中を見せる大人の目が死んでいるからなのでは」ということでした。

改めて会社でチーム員の表情を見ると、彼らの目にも精気が感じられませんでした。大人が、疲れ切り、死んだ目をしているから、親のそんな姿を見ている子どもたちの

瞳からも未来を見つめる活力が失われているのです。

それも当然のことかもしれません。疲れ切った親の姿を通して、子どもたちは「働くこと」を辛いこと、苦しいことだと考えるようになります。いつか自分も社会に出て同じように辛い思いをしなくてはならないと思えば、そんな未来は憂鬱なものでしかないでしょう。

子どもたちの笑顔を取り戻すためには、何よりもまず、大人たちがイキイキと働くことができる社会にしなければなりません。そのためには、日本の企業の99%以上を占める中小企業で働く人たちに活力を取り戻すことこそが最大の課題です。

私自身は、前職時（今でもそうですが）、月曜日が来るのが楽しみで仕方ありませんでした。金曜日の仕事が終わるたびに、「次の月曜日が早く来ないかな」と毎週のように思っていました。

その理由は、上司・先輩からの「承認」と「期待」です。自分が努力し、工夫したことを上司や先輩がしっかり見ていてくれ、そのつど成長実感を得られるような承認

や期待の言葉をかけてくれました。その言葉がすごくうれしかったし、自分の存在価値と働きがいを感じました。

私は特別単純な人間なのかもしれません。しかし、このような周囲からの承認や期待が、人に「働きがい」を感じさせるものであることは間違いありません。

「働きがい」のある職場を創り出すためにまず必要なのは、お互いに関心を持つことです。以前の職場で、私の上司や先輩は私に関心を持ってくれていました。日々の私の仕事ぶりや一つひとつの小さな成果もいつの間にか見ていてくれたのです。

しかし、今、多くの職場でお互いがお互いに関心を持たなくなっています。そのために、働く人たちが「働きがい」を感じる機会がどんどん失われているのです。人は人との関係性の中でしか自分自身を感じることができないからです。

では、どのようにすれば、お互いへの関心を取り戻すことができるのでしょうか。鶏と卵のような話になりますが、そのためには、**自分自身が「働きがい」を持って日々の仕事に取り組むことが大切になります。**

自分自身が、仕事を楽しいと感じ、やりがいを持って取り組んでいれば、必然的に同じ目的に向かって頑張っている仲間にも目が行くものです。「あいつも頑張っているな」「あの人は最近疲れた様子だけど、どうしたんだろう」といったことに気づくようになります。そして、組織で成果を出すために、周囲のモチベーションを高めることも自分自身のテーマとなっていきます。

このように自分自身が「働きがい」を感じるためには、まず自分自身に関心を持たなくてはいけません。自分自身を見つめることが必要になるのです。

仕事ではなく惰性で作業をするようになり、「何のために働くのか」ということをあまり考えなくなったとき、人は「働きがい」といったことも考えなくなってしまいます。そうして、仕事はお金を得るための苦役になってしまいます。そのような人たちの目が死んだようになってしまうのは無理のないことでしょう。

さて、中小企業経営者のみなさんは、今、自分自身が「働きがい」を持って仕事ができているでしょうか。

「人が集まらない……」

「せっかく採用した若手がすぐに辞めてしまう……」

「残っている社員にもやる気が感じられない……」

「事業承継の目処(めど)も立っていない。どうしたらいいのか……」

「経営環境は厳しくなる一方。しかし、どんな手を打てばいいのか……」

今、多くの中小企業経営者は日々このような悩みを抱え、苦しんでいます。その結果、ネガティブな気持ちが先行し、自分自身の「働きがい」を見失っているケースも多々あると思います。


しかし、経営者がそのようなマインドであり続ける限り、社員に本当の意味での関心を持つことはできません。関心があるのは目先の成果、数字ばかり。社員一人ひとりが日々どのような思いで働いているのかを考える余裕がない。

このような環境では、社員は「働きがい」を感じることなどできません。経営者自身が社員の「働きがい」を奪っているともいえるのです。

しかし、経営者が強いリーダーシップを発揮することによって、一生働きたい職場をつくることはできます。

そのためにまず必要なのは、経営者自身が自分を見つめ、変わることなのです。

本書では、自分が変わり社員に働きがいをもたらし、会社を変えた経営者の事例も紹介しながら、話を進めていきます。読み終えたあと、自分の経営の方向性がクリアになるはずです。

では、そろそろ本題に入りましょう。

『もう転職はさせない！ 一生働きたい職場のつくり方』 目次

第3章 「働きがい」を創れば、中小企業こそ発展する

構成　伊藤敬太郎
装丁・本文デザイン　大場君人
図版　中井正裕
DTP　アイ・ハブ
校正　東京出版センター
写真　filadendron (iStock)

第1章

業績好調でも、経営難に陥る時代

1

日本は空前の「完全雇用状態」へ

２０１８年10月時点の有効求人倍率は１・６２倍、同月の完全失業率は２・４％でした。この数字は、今、日本が空前の「完全雇用状態」となっていることを示しています。

求職者にとっては、選ばなければ仕事は必ず見つかるという状況ですが、採用する側の企業にとっては、優秀な人を集めるどころか、必要な頭数を集めるのにも苦労する厳しい状況といえます。

また、２０１７年の総務省労働力調査によると、年間の転職者は３１１万人。５年前と比較すると、約25万人、１割の増加となっています。雇用者数はおおよそ６０００万人ほどですから、20人に１人が転職していることになります。

この数字にも隔世の感を覚えます。

今から10数年前、私がリクルート在籍時に転職メディアの責任者を務めていた頃は、

個人のキャリアアップや産業の発展のために、日本における雇用の流動化をいかに推進するかが大きな課題でした。

しかし、時代は完全に変わり、働く人たちの転職に対しての心理的な敷居はすっかり低くなっています。**特に、もともと中途採用が多く、人の出入りが激しい中小企業においては、転職は一層自然なことになっているのです。**

中小企業にとっては、人が辞めやすい状況は進んでいる一方で、補充のためのハードルは上がるばかり。

採用広告予算を増やしても応募ゼロということも珍しくなく、説明会を開いても人が集まらない。ようやく面接にこぎつけても予約を無断でキャンセルされるといった、不況時を思い起こせば考えられないような事態も当たり前のように起きています。

新卒採用の状況についても触れておきましょう。

リクルートワークス研究所の大卒の求人倍率調査によると、バブル時代の1991年3月卒に2・86倍を記録し、これが調査史上のピークでした。そしてバブル崩壊後

は一気に倍率の低下が起こり、２０００年3月卒の０・99倍という最も厳しい数字となりました。

リーマンショックによって景気が急激に悪化する前には、2倍を超えるなど一時的な上昇はありましたが、概ね1倍ちょっとという時代が長く続いていました。しかし、直近の10年間での推移を見ると、２０１２年3月卒の１・23倍を底にジワジワと上昇が続きます。

２０１９年3月卒は１・88倍となり、すでに実質的な採用活動が始まっている２０２０年3月卒は2倍を超えるかもしれません。

ただでさえ厳しい新卒採用がますます厳しくなることも数字の面から明らかなのです。さらには、２０１８年9月、大企業の集まりである経団連の中西宏明会長は、大企業の採用過熱の抑止力となっていた就活ルールの廃止に言及しました。大学と政府はルール堅持に躍起ですが、大企業と採用時期をすみわけていた中小企業への影響は必至です。

人がいないから事業活動が継続できない。今、多くの中小企業がそんな大ピンチに

見舞われています。

人口減少、労働力人口の減少が中小企業の経営危機に直結

人が集まりにくい業種の代表例は、飲食、接客・販売、流通・サービスといったところでしょうか。

飲食業では、大手チェーン店ですら、人が足りないために営業時間を短縮する、場合によっては店舗自体を閉めるということも起きています。苦肉の策としてアルバイトやパートの時給を上げても、その分を価格に転嫁すれば、売り上げが落ちるという悪循環も生まれている。事業拡大どころの話ではありません。

大手ならばまだ戦略を見直しながら持ちこたえることも可能でしょうが、中小企業の場合は、この人手不足がすぐに死活問題になってしまうのです。

運送業界の人手不足も最近は頻繁に報道されています。この事態に対応するため、ク

ライアントとの契約の見直しやサービス価格変更などの動きも実際に進んでいるのはご存じの通りです。

しかし、これも大手だからこそ交渉や価格変更が可能なのであって、中小企業ではそのような手も打てない。働き方改革が叫ばれる中、時代と逆行するように現場の労働状況が過酷になっていくという事態も生まれています。

似たようなことは、様々な業界で起きており、波及は進んでいくでしょう。中小企業の経営者の読者であれば、このあたりの事情は今さら説明するまでもなく、肌身に感じているのではないでしょうか。

人口減少、中でも労働力人口の減少は今後もますます進んでいきますから、外部環境が好転することは期待できません。むしろ状況はさらに厳しくなっていきます。

そのため女性やシニア層を積極的に雇用する企業も増えていますが、それでも足りないというのが現状なのです。マンション管理、警備、清掃といった、シニア頼みの業界では、他業界でもシニア層を活用し始めたため、人材不足に悲鳴をあげています。

外国人雇用を進めても、危機は回避できない!?

この危機的な状況の打開策として、外国人の雇用も進んできました。

すでに居酒屋やコンビニエンスストアでは、アルバイトで働く外国人が非常に目立つようになりました。建設業や製造業、農業などでも外国人の雇用は進んでいます。

先日、北海道夕張市に取材に行った際、名産品である夕張メロンの生産現場では、若者が流出し高齢化が進む中、夕張メロンの生産を支えていたのは外国人でした。高齢者には高温のビニールハウスでの作業が厳しいのです。そのために外国人に頼る状況が進んでいるということでした。

日本は、従来、研究者や経営者など高度プロフェッショナルを除く単純労働の分野では、移民に積極的ではありませんでした。しかし、このように労働力不足が顕在化し、状況が切羽詰まってくる中で、国も技能実習生を中心に外国人の受け入れに積極

的になり、3年間だった技能実習生の期間を5年間に延ばすなどの措置も取ろうとし始めています。

では、単純労働における外国人の受け入れが、現在の深刻な人材不足を解消しうるでしょうか。私は、短期的にはこれもかなり厳しいのではないかと考えています。

もちろん、外国人をすでに多数雇用していて、採用や教育ノウハウを確立している企業はあります。しかし、そのような企業も数々の試行錯誤を経て現在に至っているのが現実です。またその経験値があるのは、外需型の製造企業などです。外国人の採用・育成経験が少ない内需型の企業の場合は、これからこのような試行錯誤を覚悟しなくてはいけません。

まず、言葉の壁があります。特に接客・販売やサービスなどの業種では、顧客とのコミュニケーションが必要になる。それ以外の業種であっても、日本語での会話が成立しなければ業務が成立しないケースは多々あります。彼ら彼女らの語学習得までサ

ポートし、戦力化するまで待つ余裕があるかどうかというのが最初の関門です。

次に文化・風習の違いというのも想像以上に大きい。「時間を守る」という日本人にとっては当たり前の常識ですら通用しないことがいくらでもあります。実は言葉の壁よりこちらの壁のほうが高いのです。これも、もちろん教育によって日本のやり方を学んでもらうことは可能ですが、それなりの労力も時間もかかります。また、宗教や価値観の根本的な違いに関しては、外国人に合わせてもらうのではなく、こちらが合わせなければならないケースもあります。


例えば、外国人を積極的に採用しているある企業では、ムスリム（イスラム教徒）のために礼拝用の部屋を用意しています。その企業では、重要な会議や商談があろうが、彼ら彼女らの礼拝の習慣を尊重し、優先しているそうです。

日本のやり方を一方的に押しつけるだけでは外国人の活用はうまくいきません。多様性を尊重し、本当の意味でのダイバーシティマネジメントを実践できていることが、継続的に外国人を雇用するための必要条件なのです。

そのため、周到な戦略や準備なしに、外国人の労働力に頼ることはリスクを伴います。しかし、明日の事業継続のために即戦力を求めている中小企業には「周到な準備や戦略」のための余裕がありません。そんな状況で外国人を採用したとしても、戦力化に苦労するどころか、かえってトラブルを招く可能性も大きいのです。

誤解してほしくないのですが、私は、「だから外国人は採用しないほうがいい」と言いたいわけではありません。長期的に見れば、国籍に関係なく誰もが活躍できるダイバーシティ経営が実現されていくことが理想だと考えています。

しかし、**日本人が集まらないから外国人を雇用するという行き当たりばったりの施策は、会社が抱える本質的な課題を解決するものではありません。その前に、日本人も外国人もイキイキと働くことができる組織作りに取り組むべきなのです。**

黒字倒産・廃業が続発する地方の中小企業

人材不足による中小企業の経営危機は、特に地方で顕著です。業績は好調なのに人

がいないから倒産・廃業するケースも目立つようになってきました。

今の時代ならではともいえる現象が人材不足による黒字倒産です。

以前にも中小企業の黒字倒産はありました。これは、あくまでも売り上げは立っているのに、バブル崩壊以降、貸し渋りが激しくなった金融機関からつなぎ資金が借りられず、キャッシュ不足で起こっていたものです。

しかし、今は、マイナス金利政策や金融庁の方針もあって、地方金融機関は中小企業への融資にも積極的になっています。キャッシュがないから黒字倒産するという状況は回避しやすい状況になっています。

ところが今度は人が集まらない。集めてもすぐに辞めてしまう。

事業自体は好調であっても、それを担う人材を確保できないことで黒字倒産する中小企業が、特に地方で続出しています。

今は若者の地元就職志向が強くなっていると言われているものの、若者自体が減っ

ていますから、多少の意識の変化はあっても焼け石に水です。

各地の商工会議所や自治体は、地元企業と若者をマッチングするために合同企業説明会の開催やインターンシップ制度の導入などを進めていますが、この危機を根本的に解消するには至っていません。


もうひとつ、後継者不足という問題もクローズアップされています。

中小企業庁が２０１８年1月に発表した「中小企業・小規模事業者政策について」によると、**今後10年の間に70歳を超える団塊世代の中小企業・小規模事業者の経営者は約２４５万人に上り、そのうち約半数の１２７万社（日本企業全体の約3分の1に相当）に後継者がいません。**

現状を放置すると、中小企業廃業の急増により、２０２５年頃までに約６５０万人の雇用、および約22兆円のＧＤＰが失われる可能性があるとされています。


この事業承継の問題も特に地方において深刻です。

経営者の子どもたちはすでに都市部で会社員として働いていることが多く、経営者

自身、安定したサラリーマン生活を捨てさせてまで、衰退が進む地方で会社を継がせようとは考えないケースが多くなっています。子どもたちもあえて継ごうとはしません。株式譲渡の問題があるため、家族・親族以外の経営幹部も資金不足やリスクを考えると、後継者として手を挙げにくい。

その結果、業績は好調なのに廃業を選択する中小企業がすでに続出しており、今後10年間も驚くべきペースで増えていくと見られているのです。

政府は、後継者が受け取る株式にかかる税金を今後10年間は免除する政策などを進め、事業承継・M&Aビジネスも活況を呈していますが、事態の根本的解決につながるかどうかは不透明です。

これらの事実や見通しが示しているのは、もはや目先の業績が好調なだけでは、中小企業には人が集まらないという現実です。

だからこそ、「この会社で働きたい」「この会社の経営を継ぎたい」と感じさせるような魅力的な組織作りが中小企業にとっては喫緊の課題なのです。

個々の企業がこの課題を克服することが、今後の日本経済の浮沈を左右すると言っても決して過言ではないのです。

第2章

「働きやすさ」の勝負に出ると必ず失敗する

新卒の初任給を上げても、人が集まらない

前章で解説したように、とにかく中小企業は人が採れない時代になっています。すると、一般的に企業が打つ手としては、まず「給料を上げる」ということを考えます。実際、アルバイトが集まらない飲食店やサービス業などは、募集時の時給がどんどん上がっている状況です。

リクルートジョブズの調査によると、東京・名古屋・大阪の三大都市圏におけるパート・アルバイトの募集時平均時給は、2015年12月には986円でしたが、2016年12月には1000円を超え、2018年6月には1031円となっています。

経営が好調ならそれでもいいでしょう。しかし、前述の通り、多くの企業は経営に苦しみながら、苦肉の策として時給を上げざるをえないというのが現実です。なんとかして人を採らなければ、事業の存続自体が厳しくなってしまいます。

このような事態はアルバイトに限ったことではありません。若手の正社員採用も非常に厳しい状況ですから、新卒初任給も当然上昇傾向にあります。

日本経済新聞によれば、2018年度の新卒初任給ランキングのトップは、PwC Japanの35万円でした。新入社員で35万円とは驚きです。ボーナスが年間3カ月あるとして、年収ベースで525万円。中小企業サラリーマンの平均年収が300万円ちょっとですから、新人でいきなりその1・8倍程度も稼ぐということになります。

これらの破格の初任給で新卒者を採用している企業は、業績好調なコンサルティングやITなどの業界が中心。高給で人を採用しても事業がうまくいくサイクルが成立しているからこそできることです。

それ以外の、成熟状態にある業界の中小企業が、上記の成長企業に対抗して初任給を上げることは現実的に無理があります。

せめて「同じ業界のライバル企業には負けまい」とできる範囲で上げたところで、初任給の引き上げは、ただでさえ苦しい経営を圧迫することになります。中堅・ベテラン社員の給与は決して急上昇しているわけではありませんから、社内の不満も高まる一方となってしまいます。

なお、コンサルティング業界やＩＴ業界の破格の初任給を、従来の年功序列の職能給の考え方で解釈するのは誤りです。そもそもこれらの企業では、実力に応じた職務給・成果給をベースとしていることが多いですから。

職能給をベースとした制度は、若い頃は成果に対する給与は低くても、30代、40代以降で回収できる仕組みになっていますが、職務給・成果給は「即時払い」という考え方。つまり、新人・若手であっても一定の成果が求められ、それに見合ったパフォーマンスを出せなければ、すぐに見切りをつけられてしまうことも多いのです。

優秀な社員には、スカウトメールの嵐

破格の初任給で優秀な新人を集めることに成功している企業でも、決して人が定着しているわけではありません。

例えば、今、ＩＴエンジニアは人の奪い合いが最も激しい職種の代表ですから、給料のつり上げ競争は激しくなる一方です。その結果、若手でも年収１０００万円超えが決して珍しくなくなりました。すると、働く側の意識も、自分の能力をより高く評

価してくれる環境を求めるように変わっていきます。

若手ITエンジニアは就職した段階で複数の転職エージェントに登録することが、今や当たり前のようになってきています。優秀なITエンジニアのもとには、なんと月間200件にも上るスカウトメールが届くこともあるのです。

結果、彼らは、現状の給料とスカウトメールに掲載されている求人企業の給与とを比較しながら、常により好条件の企業に転職することを考えるようになっていきます。

高い給料に魅力を感じて就職した人材であれば、そのような考え方になるのも当然といえるでしょう。彼らをつなぎ止めるためには、企業は、ライバル企業に負けないさらなる好条件を提示し続けなければなりません。

こうなると企業の体力勝負。体力が続かない企業は次々と脱落することになります。

こう考えていくと、**中小企業は、最初からハイパフォーマンスで活躍できる優秀な人材を求めて、体力のある大企業との熾烈（しれつ）な人材獲得競争に参戦することは得策ではありません。**

「初任給30万円超え」「若手でも年収1000万円」といった、給料で優秀な人材を確保し続ける企業とは、もともと勝負する土俵が違うと考えたほうがいいでしょう。

椀盤振る舞い（おおばんぶるまい）の給料・待遇で破綻した会社

そもそも、働く人たちを給料などの待遇面だけでつなぎ止め、モチベーションを上げ続けさせるといったことが可能なのでしょうか。

私は、このようなやり方は、結局のところ、破綻を招くだけだと考えています。前項で、給料のつり上げ合戦は企業の体力勝負だと書きましたが、この体力勝負は非常に空しい勝負でもあるのです。

ワイキューブという企業をご存じでしょうか。リクルート出身の安田佳生（よしお）さんが創業し、2000年代の一時期には「就職したい企業ランキング」の上位に名前が挙がるほど一世を風靡（ふうび）したベンチャー企業でした。

ワイキューブは2011年に倒産し、安田さんはその経緯を著書『私、社長ではな

ます。

くなりました。――ワイキューブとの7435日』(プレジデント社刊)にまとめてい

安田さんご自身が反省を込めて赤裸々に書いていることですが、ワイキューブがまさに、ひたすら待遇をつり上げることで、社員をつなぎ止め、モチベーションを高めようとした企業の典型でした。

給料の椀盤振る舞いはもちろんのこと、経営状況に見合わない豪華なオフィスを作り、社内にカフェやバーを設ける、受付に美人を揃(そろ)えるなど、待遇・環境に関して社員が喜びそうなことを考えて、とにかく実践し続けたのです。

そうすることで、社員のモチベーションが高まると信じていたからでしょう。

しかし、実際にはカフェやバーができて社員が喜んだのは、せいぜい1年程度だったそうです。挙げ句に、もっと待遇を良くしなければと、社長自ら、社員全員タクシー通勤にすることを提案したところ、さすがにそれはやりすぎだと社員から反対されたそうです。「そういうことじゃないんです……」という社員の声が聞こえるようです。

銀行から身の丈に合わない借り入れをしてでも好待遇を提供し続ければ、それによって社員のモチベーションが上がり、結果、会社の業績も上がるはず……。この安

田さんの目論見が当たることはありませんでした。

ワイキューブ倒産の理由には、リーマンショックで売り上げが1／3にまで落ち込んだこともありましたが、過剰な待遇改善に走ったことも会社の体力を奪っていました。

さすがにワイキューブは極端な例かもしれません。しかし、これだけ人集めの厳しい状況が続くと、「我が社の問題は待遇面だ。無理をしてでも待遇面を改善しなければ」と、当時の安田さんに近い考え方に傾く中小企業経営者もいるのではないでしょうか。

その考え方の先には決して明るい未来は待っていません。

ワイキューブの失敗から、私たち中小企業経営者は学ぶべきなのです。

「働き方改革」における中小企業の迷走

2018年6月29日、「働き方改革関連法案」が国会で可決し、成立しました。

その主要なポイントは次の通りです。

①長時間労働の是正に向けた残業規制の導入

36協定という抜け穴があるため、今は事実上、青天井で残業時間を延ばすことができますが、これを改め、年720時間が上限とされます。

繁忙期は月100時間未満まで残業が認められますが、違反すれば企業に懲役や罰金が科されます。大企業は2019年4月、中小企業は2020年4月から適用。

②非正規雇用の処遇改善に向けた同一労働同一賃金の徹底、

雇用形態ではなく業務内容に応じて賃金を決め、休暇や研修も正規と同様の待遇を受けることが求められます。大企業は2020年4月、中小企業は2021年4月から適用。

③時間ではなく成果にコミットした働く、脱時間給制度を導入

一定の年収以上の高度専門人材が対象。金融ディーラーやコンサルタントなどの専門職が、労働時間規制に縛られず働くことが可能になります。なお、適用を受けた人が自分の意思で制度を離れられる規定もあります。

中小企業も対象となっており、適用までの期間も猶予がありません。そのため、今や、国や地方自治体が音頭を取り、中小企業を対象とした働き方改革推進セミナーが全国各地で開催されています。この機運をビジネスチャンスと捉えるＩＴ業界・企業が主催するセミナーも同様に開催され続けています。

企業経営者としては、法律で決まった以上、従わざるを得ません。しかし、「今の状況でこれを遵守すれば経営が成り立たない！」と頭を抱えている経営者もきっと多いはずです。

労働基準監督署が査察の強化を進めていることもあり、経営者はまさにビクビクしている状況にあるのです。

もちろん働き方改革そのものを否定するつもりはありません。しかし、現場で働く人たちの「働きがい」があってこその「働き方改革」であるというのが私たちの主張です。

法律で決まったから仕方なく、前向きな目的が見えないままに進める働き方改革は、

前項で触れたワイキューブと実質的には同じです。「働きがい」を無視して、待遇面の改善のみを進めたところで、企業にとっても社員にとっても決して明るい未来は見えてきません。

追い詰められた多くの中小企業は、今、先が見えないまま、無理な働き方改革に着手し、それが経営を圧迫する状況に陥ろうとしています。

まさに「迷走」と言うべき状況です。

「カネ」で釣った人材は、「カネ」で辞めていく

この章で説明してきたように、今は初任給が上昇するとともに、労働時間などの待遇面の改善も急ピッチで進んでおり、社会的にも大きな話題になっています。

そのため、これから就職する大学生の意識にも変化が生まれています。

私(前川)は大学で講師も務めていますが、今の大学生の話をすると、「ワークライフ

バランスの制度が充実している会社で働きたい」といった声がよく聞かれます。メディアなどを通してこれだけワークライフバランスについて喧伝(けんでん)されていれば、まだ働いた経験がない大学生が大きく影響を受けるのもやむをえないことでしょう。２０１５年に成立した女性活躍推進法により、３０１人以上の企業は、女性登用の数値目標を含む女性活躍推進に向けた行動計画の策定および公表が義務づけられたため、簡単に企業のワークライフバランスの推進状況が比較できることも拍車をかけています。

そして、「とにかく就職できる会社を見つけなければ」と就活生が追い詰められていた不況時とは異なり、売り手市場の今の学生は、給与面、待遇面を重視し、より条件の良い会社を選んで就職します。企業側も、初任給が高いこと、休みがしっかりとれること、残業が少ないこと、産休・育休制度が充実していることなどを盛んにアピールします。

その結果、入社後、実態が約束と少しでも異なれば、すぐに「話が違う」ということになってしまいますし、**そもそも、給与・待遇で会社を選んでいるのですから、もっと条件の良い会社が見つかれば、簡単にそちらに転職してしまいます。**

とにかく人材不足は深刻ですから、今はそれができてしまう時代なのです。

ＩＴエンジニアの現状について解説した項でも触れたように、結局のところ、**「カネ」で釣った人材は、「カネ」で辞めていきます。**ワークライフバランスにかかわる諸制度にしても同じことです。いくら制度を充実させても、もっと充実させる企業が次々に出てくるわけですから。

しかも、中小企業の給与原資は限られています。いくらギリギリの努力をして給与を上げたところで、このチキンレースは始める時点で限界が見えているのです。もし、ワイキューブのように、借り入れをしてまでも給与を上げようとするなら、「破綻」の二文字が浮かび上がってきます。

多くの中小企業にとって、このチキンレースは勝ち目のない勝負なのです。

国の政策が中小企業を追い詰めている！

「働き方改革」や「賃金アップ」に関する一連の政策は、労働者にとって良いことな

のだから歓迎すべきだと考えている人も世の中には少なくないでしょう。

しかし、私（前川）自身、ひとりの中小企業経営者として、**国がここまで民間企業の経営に介入することが決して正しいことだとは思いません。**腹立たしくすら感じています。

かつて、ファーストリテイリングの柳井正さんは、とあるインタビューで、「国に対する要望はあるか？」という質問に対して、「何もない。とにかく経営の邪魔だけはしないでほしい」と答えていました。

私もまったく同じ意見です。そして、まさに今、国が民間企業経営に過干渉をしています。

2017年3月に公表された「働き方改革実行計画」では、「同一労働同一賃金など非正規雇用の処遇改善」「賃金引上げと労働生産性向上」「罰則付き時間外労働の上限規制の導入など長時間労働の是正」「柔軟な働き方がしやすい環境整備」「女性・若者の人材育成など活躍しやすい環境整備」「病気の治療と仕事の両立」「子育て・介護等と仕事の両立、障害者の就労」「雇用吸収力、付加価値の高い産業への転職・再就職支

援」「誰にでもチャンスのある教育環境の整備」「高齢者の就業促進」「外国人材の受入れ」などの項目がズラリと掲げられています。このうちの一部が「働き方改革法案」として実際に法制化されました。

私は、これらの一つひとつの項目に対して反対するつもりはありません。今の世の中の趨勢(すうせい)を考えれば、概ね社会的な賛同も得られているといえるでしょう。

しかし、現状、多くの中小企業は資金繰りや人集め・定着化に大変な苦労をしています。そのような状況で、いくら正しいことだからといって、これらの項目を**上から一気に強制することは、中小企業の実情を顧みない強引な政策だと言わざるを得ません。**

長時間労働の是正にしても、女性の活躍推進にしても、テレワークの導入にしても、高齢者や外国人の雇用にしても、企業は経営戦略上必要だと判断すれば自ら実施します。実際、国に強制されるまでもなく、取り組んでいる企業はたくさんあります。

いずれも、**本来は企業が自らの意思で行うべきことなのです。**

それなのに、今、国は上から強制的に「正しいことなのだからやりなさい」と、中小企業の経営を圧迫するような改革を一律で推し進めています。これは資本主義や民主主義の原則を逸脱した管理主義的な行為にしか思えません。

もちろん、不当な長時間労働を強いるブラック企業などに関しては、規制や取り締まりは必要でしょう。しかし、今はその必要最低限のラインを超えた、政治による経営への介入が一気に進み始めています。

「そんなことを言っても、お上が決めたことだからしかたない……」と弱気になっている経営者もいるかもしれません。しかし、このような状況だからこそ、**経営者は、国の政策に安易に押し流されることなく、自ら明確なビジョンを持って、経営を自らの手に取り戻すべきなのです。**

そして、「はじめに」でも書いたように、逆風が吹く今こそが、中小企業にとっては、「自らの意思による」改革のチャンスなのです。

第3章

「働きがい」を創れば、中小企業こそ発展する

3

「働きがい」を失う日本人

今、日本人は「働きがい」を失っています。その実態は、各種調査による国際比較によっても明らかです。

例えば、インディードが国際的に実施した「Happiness Index 2016: Ranking the World for Employee Satisfaction（世界仕事満足度調査）」によると、満足度が最も高いのはコロンビアで、調査対象国中ワーストは日本でした。

この調査だけが特別な結果を示しているわけではありません。同様の他の調査でも、日本人の仕事に対する満足度、仕事を通して得る幸福感が極めて低いことを示すデータが続々と明らかにされています。

多くの日本人は、今、イヤイヤ仕事をしているのです。

なぜこのようなことになっているのでしょうか。

その要因は、日本人の「働くこと」に関するパラダイムが大きく変わってしまった

ことにあります。

高度成長期の日本では、会社に指示された仕事をし、長時間労働も休日出勤も厭わず、会社の命ずるままに転勤もするといったことが当たり前でした。それによって経済的豊かさや、年功序列制度に基づいた出世が保証され、家族を守ることにもなっていました。つまり、会社に人生を捧げることの対価として、生活の安定と将来の安心を得ていたのです。また会社のためにハードワークに取り組み続けることが働く男性の自己尊厳にもつながっていました。

そのため、**高度成長期のパラダイムの中では、長時間労働でも、望まない転勤があっても、それなりに「仕事に対する満足度」「働くことによって得られる幸福感」が得られる仕組みが成立していました。**

しかし、バブル崩壊後、終身雇用や年功序列は崩壊しました。身を粉にして会社のために働いたところで給与も上がらず、成果が出せなければあっさりポジションが奪われ、時にはリストラされてしまう時代になったことで、人々のキャリア意識や就業

観は大きく変わってしまいました。

今、若者を中心に、自分の人生の充実、日々の生活で得られる幸福感などを大切に考える人たちが増えています。日本の企業においても10年ほど前からワークライフバランスという言葉が浸透・定着するようになったのはその表れです。

この動きは、決して一過性のブームなどではなく、**「ライフ」そのものをいかに充実させていくか、その中で「ワーク」をどう位置づけていくか**というふうに人々の価値観が根本的に変わってきたと理解すべきでしょう。労働力人口が激減していくこともあいまって、**会社から個人の方にパワーシフトが起こったともいえます。**

これが新しいパラダイムです。もはや仕事が最優先ではないのです。

働く人たちの価値観がこれだけドラスティックに変わってしまった一方で、企業の多くはまだまだ古いパラダイムにとらわれています。

「今、我慢して働けば、将来管理職になれる」「長く働けばそのうち少しは給料が上がる」といったことで社員を動機づけようとする企業はまだまだ多いですが、社員はそ

んなものはもはや信じていませんから、心に響きません。

働く人たちの意識と企業側の意識は、今や完全にすれ違っています。かつてのパラダイムだからこそ成立していた「仕事への満足」はもう存在しないのに、新しいパラダイム下での新しい価値を、多くの企業側は提供できていません。

こうして日本人は「働きがい」を失ってしまったのです。

若者は、給料の高さを求めていない!?

第2章では、ITエンジニアの奪い合いが激化し、給料が高騰していることを書きました。この話から、結局、今、働く人たちが求めているのも「カネ」じゃないか、と考える読者もいるかもしれません。

しかし、給料が高騰しているのは、あくまで給与のつり上げ合戦が成立している一部の業界・職種に限られます。中小企業で働くサラリーマンの平均年収は300万円

台ですから、多くの人たちは、「カネ」を求めたところで、満足のいく給料を得ることは難しい状況です。

それに、高い給料を求めて転職を繰り返す若手人材も、果たして本当の意味での満足を感じているかどうかはなんとも言えないところです。**「働きがい」が感じられないからこそ、「カネ」で選ぶしかないともいえるからです。**

また、**大学生が初任給や「働きやすさ」で会社を選ぶのは、彼らにまだ働いた経験がないことも大きな理由です。この表層的なニーズを今の若者の本質と捉えるのも正しくはありません。**

むしろ、優秀な若者は「カネ」よりも、「働きがい」を求めている。多くの大学生や若手社会人と接する中で、私はそう確信するようになりました。

具体的なエピソードを紹介しましょう。

先日、大手地方銀行を退職した若手社会人にインタビューする機会がありました。今、銀行はフィンテックの大波に見舞われ、メガバンクが大リストラを発表するなど大激変のときを迎えています。そんな中、かつては人気業界の筆頭であり、安定の代名詞となっていた銀行を辞める若者が増えています。

銀行員が安定した職業ではなくなったから、彼ら彼女らは辞めるのでしょうか。実際に話を聞いてみると、それだけの問題ではありませんでした。

その若手は営業として、地元企業の経営を支援するために熱心に働き、新規事業を支援するための融資も決めたそうです。当初、彼の働きは頭取賞を取るほど評価され、彼自身もお客様に喜んでもらえたことで大きなやりがいを感じていました。

今は地方創生の流れの中で、金融庁も金融機関に対して地域の中小企業に積極的に貸し付けやビジネスマッチングなどで本業を支援するよう求めています。「お客様のために」「地域のために」を第一に考える彼の仕事ぶりはまさにこの潮流に沿ったものでした。しかし、リスクを取ることを極端に避ける銀行の古い体質は簡単には変わりません。

彼の働きを評価してくれていた支店長が異動になり、新たに就任した支店長は、「この取引はリスクが高いから追加の融資は控えるように」と彼に命じました。上司の命令は絶対ですから、彼はやむなく、融資を断念することになったのです。ただし、お客様の新規事業は支援したいと、彼は個人的な人脈を使って、マスコミにそのビジネスが取り上げてもらえるよう動いたのです。財務面の支援ができないので、知恵を絞って広報面で支援しようとしたわけです。ところが、新支店長は、彼の行動を「自行に何のメリットもないのに、なぜそんなことをするんだ！コンプライアンス上も問題がある！」ときつく叱ったそうです。

その若手は、「もうここではやっていられない」と退職を決めました。

この中高年世代と若手世代との意識の違いは、まさにパラダイムの大きな変化を象徴しています。

中高年世代はあくまで自社の利益を追求し、自社で評価され、自社内で出世していくことに価値を感じています。しかし、若手世代の目は、自社よりもお客様に向かっ

ています。社会貢献欲求や自己成長意欲が高い今の若手は、会社に評価されるかどうかよりも、本当にお客様のためになる仕事をして、お客様に喜んでもらい、そのことによって充実感を得たいと思って働いているのです。さらには、社内で評価される人材ではなく、市場価値のある人材になりたいと考えているのです。

しかし、中高年世代の上司は、彼らが望んでいることを理解しようともせず、古いパラダイムに基づいて上からブレーキをかける。このような職場で若手が「働きがい」を感じられないのも当然のことでしょう。

ちなみに、退職しようとする彼を引き留める際、人事部が発したのは「今、30代でも支店長に昇進できるコースを作っているところだから、もう少し我慢してくれ」という言葉だったそうです。彼が求めているのはそもそも出世ではありません。とことん意識がズレているのです。

日本人が「働きがい」を失っている原因は、このような働く人たちの社会貢献欲求、自己成長欲求に企業が応えられていないことにあるのです。

ビジョンを示すことで、2000人の若者が応募

銀行に限ったことではなく、大きな組織ほど、古いパラダイムからの脱却がうまくいっていない現状があります。

一方、中小企業は、経営者、経営陣が変わることができれば、短期間に新しいパラダイムに基づいた組織へと生まれ変わることが可能です。

和歌山県の平和酒造という酒造メーカーが実現した改革は、まさにその好例です。

四代目当主である山本典正専務は、大手メーカーの下請けが中心でジリ貧状態にあり、経営陣と従業員がひとつになることもできていなかった会社の立て直しに取り組みます。

山本専務は、自分たちの会社が何のためにあるのかというところから考えました。そして、日本が生んだかけがえのない文化である日本酒を、世の中に、世界に届けてい

くことが自分たちの使命なんだというビジョンを掲げます。

そして、「紀土」という自社ブランドの日本酒を造り、これまで季節雇用が中心だった蔵人（杜氏の下で働く職人）の新卒採用を始め、また、自社だけでなく業界全体の変革・成長を目指して若い蔵元たちが集まる組織も立ち上げます。

試行錯誤を繰り返しながら一連のイノベーションに取り組みつつ、山本専務は日本酒造りにかける自らの思いや経営哲学を著書やメディアを通して発信し続けました。その結果、平和酒造は、日本酒ファンや若者たちに注目されるようになり、それまで人集めに苦労していたこの地方の中小企業の新卒採用に、全国から２０００人の若者が殺到するまでになったのです。

平和酒造には、まさに今、若者が求めている「働きがい」があったのです。

一方で、山本専務は、若い社員も年収１０００万円稼げるくらいに会社を成長させたいという思いも抱いていたそうです。しかし、新卒で入社したある社員の「１０００万円も要りません。６００万円もあれば十分です。残りの４００万円は誰か他の人がも

らったほうがいいです」という言葉に、山本専務は自分がやっている経営の意味を改めて自覚したと言います。平和酒造に集まった若者たちは、高い給与を求めていたのではなく、会社のビジョンに共鳴して、ものづくりの喜びや醍醐味を感じたいから、この地方の中小企業を選んだのです。

社員のこのような思いに応えることこそが、今、経営者に求められる役割なのです。

学習支援ボランティアで「働きがい」に目覚めた若者

もうひとつ、若者が「働きがい」を感じるに至った印象的なエピソードを紹介しておきましょう。

東京・八丁堀に、子どもたちが貧困から教育の機会を奪われている問題に取り組むキッズドアというNPO法人があります。生活困窮の子どもたちの勉強をサポートするため、キッズドアには1000人を超える学習支援ボランティアが登録しています。

これだけの人数が集まるとマネジメントも大変ですから、彼らの理念に共感した私たちも、手弁当で組織作りやリーダーシップに関する研修を開催し、急成長する組織をサポートしています。そんな縁があって彼らの活動発表に参加した際に、あるボランティアの大学生から聞いた以下のような話がとても印象に残りました。

彼は、以前は大手予備校で講師のアルバイトでそれなりの時給を稼いではいたのですが、大手のマニュアルに沿った仕事に満足感を得ることができませんでした。そんなときにキッズドアの存在を知り、学習支援ボランティアとして活動に参加します。

歴史の浅いＮＰＯが新しいことに取り組んでいるわけですから、指導のマニュアルなどありません。そのため、学習支援ボランティアは子どもたちに勉強を教えるためのマニュアル作りや教材作りから自分で考えてやらなくてはいけません。

かつ、現場に入ってみると、家庭の事情などでそもそも学習意欲を失ってしまっている子どもたちがたくさんいます。こうした子どもたちに対しては、まずは話を聴いて、じっくりコミュニケーションすることを通して意欲を高めてあげるプロセスが必要だと感じた彼は、子どもたちを教室から連れ出し、一緒にふらりと公園に行って、一人ひとりの話を聴いたり、相談に乗ってあげたりといったことを始めました。

そんなコミュニケーションを重ねていくうちに、子どもたちの目が徐々に輝いてきました。こうして意欲を持つようになった彼らに改めて勉強を教えると、子どもたちはだんだんと勉強ができるようになっていきます。

最初は「高校なんて行けなくていいよ」と言っていた子が、「合格できた！」と嬉しそうに報告してきたとき、彼は大きな喜びを感じたそうです。

この大学生は、もともと「自分の知識が子どもたちの役に立てば」と思って学習支援ボランティアに参加したのですが、「むしろ自分のほうが子どもたちから多くのことを学びました」と語っていました。

彼が子どもたちを教えるなかで得たものこそ「働きがい」です。

人は、今までにやったことのない仕事に取り組み、自分の裁量で工夫をして、苦労を重ねながら結果を出したとき、成長を実感します。彼は子どもたちの支援を通して自分自身の成長を感じ、それが「働きがい」につながったのです。

若者は将来の成功ではなく、〝今の幸せ〟

この章でここまでに取り上げた若者の事例は、決して特殊なものではありません。優秀で、将来に可能性を持った若者ほど、給与の高さや職位など、古いパラダイムで価値があるとされたものを求めなくなっています。新しいパラダイムの下で、彼らが求めているのは「働きがい」なのです。

このパラダイムの変化によって、幸せや成功に関する若者の意識がどのように変わったのかを示したのが、次ページの図1です。

「今我慢すれば、将来良いことがある」というのが、左側の古いパラダイムでの方程式。前述の銀行の事例で、人事が語っていた言葉はまさにこの方程式を象徴しています。

しかし、新しいパラダイムの下では、若者は、「今、幸せであること」を重視する

図1　出世・成功の方程式を置き換える

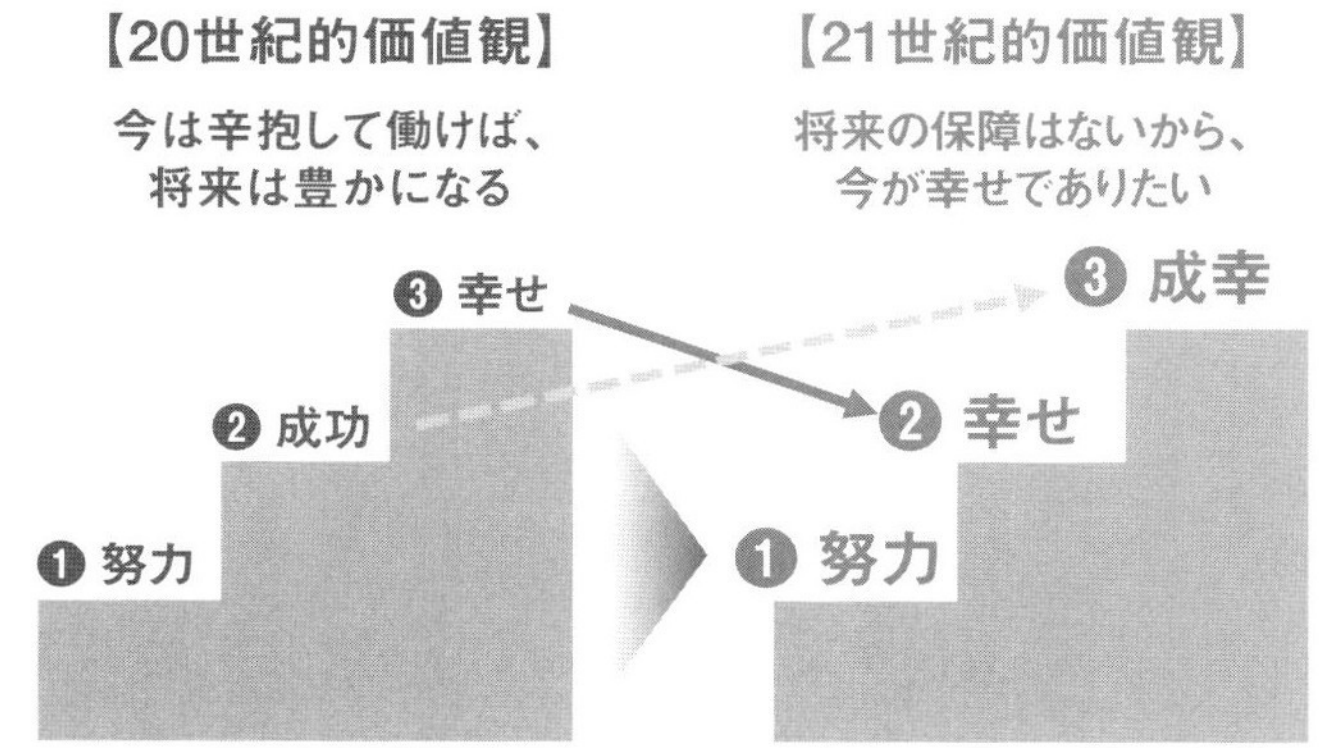
【20世紀的価値観】
今は辛抱して働けば、
将来は豊かになる
❸ 幸せ
❷ 成功
❶ 努力
【21世紀的価値観】
将来の保障はないから、
今が幸せでありたい
❸ 成幸
❷ 幸せ
❶ 努力

ようになっています。**今の幸せを積み重ねた先に、成功ならぬ「成幸」があるというのが、「これから」の方程式なのです。優秀な若者ほど功を成すことよりも、幸せを成したいと考えているのです。**

　このような若者の意識の変化は、１９９５年の阪神大震災を最初の契機とし、２０１１年の東日本大震災を経て決定的になったように感じます。

　私たちの日常は、今のまま永遠に続くとは限らない。先のことは誰にもわからない。だとすれば今を精一杯生きたい。先行き不透明な時代になったことを実感する中で、そう考える若者が増えたとして

も何も不思議なことはありません。

そのように自分の人生に向き合ったとき、お金の持つ価値が自分にとってそこまで大きなものではないことに、彼らは気づいたのです。**現代の若者は、経済的な豊かさよりも心の豊かさを求めているのです。**

「働きがい」を求める若者の意識の変化は、決して一部の若者のものではありません。今はまさに人々の価値観が根底から変わろうとしている過渡期にあります。より早くこの変化を感じ取った人がいち早く行動に移してはいますが、多くの優秀な若者の心の中で、すでに同様の変化は起こっていると考えたほうがいいでしょう。

そして、実はこの変化は若者だけに起きているわけでもありません。時代のパラダイムが大転換期を迎えているのですから、働くすべての人たちに同じような変化が訪れつつあるといえるのです。

大企業や省庁などで、最近次々と不祥事が明らかになっているのも、この変化を象徴する動きといえるでしょう。

上層部による、あるいは上層部が部下に命じる不正、上層部の意向を忖度(そんたく)した隠ぺ

いは今までも行われていた組織はあったでしょう。しかし、なぜ今になって次々と発覚するのか。このような自社の損得を優先する組織体質に嫌気が差した社員・職員がリークをしているからです。

「今頑張れば、将来報われる」と考えて組織に忠誠を誓っていたかつての社員は、不祥事や隠ぺいを知っても見て見ぬふりをしていたのでしょう。それを騒ぎ立てることで社内の出世を閉ざされるリスクも取りたがらなかったでしょう。上層部はその感覚で経営を続ける。社員の考え方がもう変わってしまっていることに気づいていないのです。

働く人たちの価値観の変化に対して、昭和の時代から形作られてきた会社というモデルが対応し切れていないことが、現状の最大の問題なのです。

もし、まだこのパラダイムの変化について「ピンとこない」という経営者の読者がいるなら、自社の社員でもいいですし、それ以外の身近な若者でも構わないので、一度、彼らの話をじっくりと聴いてみてください。

彼らの職業観、キャリア観、さらには人生観、価値観が、中高年世代が信じてきた昭和のパラダイムとは大きく変わっていることに気づくはずです。

中小企業は「働き方改革」で遅れていない！

もう一度、「働き方改革」に言及しましょう。賢明な読者はもう気づいているかもしれませんが、新旧のパラダイムを対比させて考えたとき、今、国が推し進めている「働き方改革」は、あくまで古いパラダイムに基づいた改善にすぎません。

例えば、長時間労働の是正に関しても、労働を「時間」で考えること自体が、「時間＝成果」だった古いパラダイムに従っています。よりクリエイティブな働き方が求められている今は、成果は時間とは比例しない職業や仕事が急増しています。短時間でも素晴らしいアイデアを生み出すことは可能ですし、いくら時間をかけても結果が出ないことはいくらでもある。もちろん製造業の工場のラインのように時間と成果がイコールな職場もまだありますが、どんどん少数派になっています。**多くの働く現場に**

おいて、成果を考えたときに最も大切なのは、もはや時間ではないのです。

それなのに、今の「働き方改革」では、時間にばかり注目し、そこに一律のキャップを嵌(は)めようとする。これをそのまま受け入れた企業は、杓子定規(しゃくしじょうぎ)に19時までに全員退社することを強制するルールを導入したり、休日出勤を禁じたりしています。それでいて、成果は今まで通り求めるのですから、終わらなかった仕事は仕方なく、家に持って帰るなど、社員にとってはむしろ働きづらくなる場面も増えています。

これが、本当に働く人たちのための改革でしょうか？　よく〝**「働き方改革」ならぬ「働かせ方改革」だ**〟**と揶揄(やゆ)されるのも当然のことです。**

もちろん、会社に「やらされている」仕事を長時間強制されるのは、働く人たちにとって苦痛でしかありません。しかし、そこで**まず改善すべきなのは、時間ではなく、仕事の質、仕事に対するスタンスなのです。**

他律的に「やらされている」仕事は、例え3時間、4時間だろうと苦痛です。しかし、自ら「やりたい」と感じ、責任と裁量を持って自律的に取り組む仕事なら、少々

長時間に及んでも、イキイキと働くことができます。夢中になって何かに打ち込んでいるときには時間を忘れます。経営者でこの感覚をご存じない方はいないはずです。

特に伸び盛りの若い人たちが、おもしろいと感じて仕事に取り組んでいるとき、上司が杓子定規に時間でブレーキをかけることは、彼ら彼女らの成長を阻害してしまう場合もあります。無理をしすぎて心身を壊すことがないよう、上司や先輩がしっかりケアすることは大切ですが、若手が「もうちょっとやっていきたいんです！」と言うなら、納得いくまで仕事をさせてあげればいい。その分は別のところで休ませてあげればいいのです。

とはいえ、国のルールを守らないわけにはいきませんから、工夫が必要。そこで、私たちＦｅｅｌＷｏｒｋｓで取り入れている方法を紹介しておきましょう。

経営者の私（前川）の本音としては時間管理などせず、性善説に立って一人ひとりの裁量に任せたい。しかし、国のルールにより勤怠管理はせざるをえないため、ギリギリまで裁量を持たせる工夫をしています。そこで当社では1日の労働時間を7時間

と定めていて、月の勤務日数が20日だとすれば、「7時間×20日＝１４０時間」が月間の勤務時間となります。この１４０時間をどう配分するかは、原則的に社員の自由。例えば、2時間ずつ残業する週もあれば、3日しか出勤しない週があってもいい。自分の仕事の状況を考え、月や週の初めにすべて自分でプランを立てるようにしているのです。そして、それを職場の仲間で共有します。**「成果にコミットしながら、自分の仕事と時間は自分で管理する」**。**当社ではこれを基本としています。**

やり方は、それぞれの企業の事情や事業内容に応じていろいろあると思います。

しかし、〝中小企業は「働き方改革」に関して遅れている！〟といった風潮に流されて、**残業や休日出勤を一律に禁止するようなルールを社員に強いることは、むしろ時代の本質に逆行するものであることを経営者のみなさんには認識してほしいのです。**

それは結局古いパラダイムの他律主義にすぎないのですから。

大企業から、中小企業に転職する中高年

この章では、パラダイムの変化について、主に若手と中高年の考え方・価値観の違いというところに焦点を当てて説明してきました。しかし、変化が起きているのは決して若者だけではありません。この時代の変化をリードしているのは確かに若者ですが、中高年世代も確実に変わりつつあるのです。

例えば、日本の大手メーカーは90年代から2000年代にかけて大幅なリストラを行いました。このとき大企業を去った経験豊富な技術者たちが、今、アジア系のメーカーや国内の成長企業などで意外なほど多く活躍しています。大手では「必要ない」とされた自分の技術がまだまだ活(い)かせる場があることを知ってイキイキと働いているのです。

きっかけはネガティブなものであったとしても、新天地を得ることで、彼らは「働きがい」の意味を改めて感じたのではないでしょうか。給料は下がっているケースも多々あるでしょう。しかし、ここまで本書で説明してきたように、最も大切な「働きがい」を得ることにより、「カネ」の優先順位は下がっているはずです。

もちろん、新しいパラダイムを敏感に感じ取り、自ら動き出す中高年も一部では生まれています。

私たちＦｅｅｌＷｏｒｋｓグループにも、本書の共著者である田岡英明をはじめ、〝この国に「人が育つ現場」を取り戻したい〟という当社の思いに共鳴し、大企業でのキャリアを捨てて転職してきた中高年のコンサルタントがいます。彼らの志や意欲の高さには私（前川）も頭が下がる思いです。当社は中小企業ですから、とても大手のような給料は払えません。安定も保証できません。彼らはそれよりも「働きがい」を求めて動いたのです。

このように、古いパラダイムに基づく大企業でのキャリアに疑問を感じ、より自分のやりたいことが実現しやすい中小企業やベンチャーへと転職する中高年は、今、少しずつ増えつつあります。

大手の出身者を採用するには高い給料を保証しなければならないと考えている中小企業経営者もいるかもしれませんが、実は「働きがい」を提供できる職場であれば、大幅給料ダウンでも構わないと考える中堅・ベテランはいるのです。

今はまだパラダイム転換の過渡期ですから、不安が先行して動けない人が多いのも事実です。しかし、新しいパラダイムの下で、**高い給料や地位よりも「働きがい」を求める層は、潜在的に見れば確実に増えているはずです。**

若手の数が減っている中、人集めに苦労している中小企業経営者には、このような中堅・ベテランにもぜひ注目してほしいと思います。

こうした時代の動きをいち早くキャッチして行動を起こしている企業もあります。

従業員300人規模の医薬品メーカーである森下仁丹は、「オッサンも変わる。ニッポンも変わる。」という風変わりなキャッチフレーズを掲げ、「第四新卒」として幹部候補を募集し、なんと2200人の中高年層から応募があったそうです。

同社は、「第四新卒採用」を「社会人としての経験を十分積んだ後も仕事に対する情熱を失わず、次のキャリアにチャレンジしようとする人材を、性別・年齢を問わず採用していくこと」と定義しています。中高年世代の価値観の変化をとらえたすばらしい取り組みといえるでしょう。

なぜ大企業は、「働きがい」が育ちにくいのか

大企業では、なぜ「働きがい」が得にくいのでしょうか。

本書ではその理由を、主に「大企業＝古いパラダイム」という図式で説明してきました。もちろん中小企業であっても古いパラダイムに染まっていれば事情は同じです。要は、組織のあり方を根本的に変えることができるかどうかが問われているのです。

もちろん、大企業でも新しいパラダイムに基づいた変革を実現すれば、「働きがい」を感じられる職場へと変貌することは十分可能でしょう。

しかし、「はじめに」でも触れたように、仕事が細分化されている大組織の場合、部門や職種によっては、お客様からの「ありがとう」に接することがほとんどないなど、中小企業と比べると、「働きがい」を感じる機会の創出が難しいという問題があります。

また、大きな組織で長年にわたって浸透してきた古いパラダイムを一気に変革することは、実際、容易なことではありません。**大組織であればあるほど、その中枢には**

既得権益を握っている人が大勢います。改革とは、この既得権益を奪うことですから、必然的に中枢が抵抗勢力となってしまう。このようにして、後ろ向き、内向きな組織構造が強固にできあがってしまっているのです。

仮に経営者が改革の必要性を強く感じていたとしても大企業の改革は難しいものです。社長の上に会長や顧問、相談役がいて強い影響力を持ち続けていることもありますし、役員や管理職の数も多いですから、彼らの抵抗が強ければ、経営者といえども思うようにはいきません。大組織であればあるほど、古いパラダイムは根深く染みついてしまっています。ましてや、大企業のサラリーマン経営者は任期が3～4年。社内の大反発を食らってまで大改革を行おうという強い動機も生まれにくいのです。

そもそもトップだけの問題でもないのです。

伝統ある大企業で働く人たちは、どうしても先人の成功を否定しにくいこともあり、前例に従い、決められたことを決められたように遂行する働き方に傾きやすい。中途入社が少なく内部昇格者が中心の組織であるため、そもそも自分を引き上げてくれた

先人を否定するのは人情としても難しいものがあるでしょう。こうして、経営者も役員も管理職も、組織ピラミッドの全体にわたって、下を「管理する」という考え方が染みついてしまっているのです。

しかし、本章で繰り返し説明してきたように、「働きがい」は自律的に働いてこそ得られるものです。この**「自律」と「管理」は非常に相性が悪い。**

今、社員に「自律」を求める大企業は多いですが、その一方で、「管理」する体質は変わっていないのですから、改革が中途半端になるのも当然です。

これからは「働きがい」の創出が最重要！

今、求められているのは、「働き方改革」の前に「働きがいの創出」です。そのために必要なのは、社員の自律的な働き方を実現するために、経営者や管理職が、社員・部下に対するスタンスを「管理」から「支援」へとシフトすることです。

次ページの〝「やる気」の構造を理解する〟（図2）は、心理学者のエドワード・L・

図2　「やる気」の構造を理解する

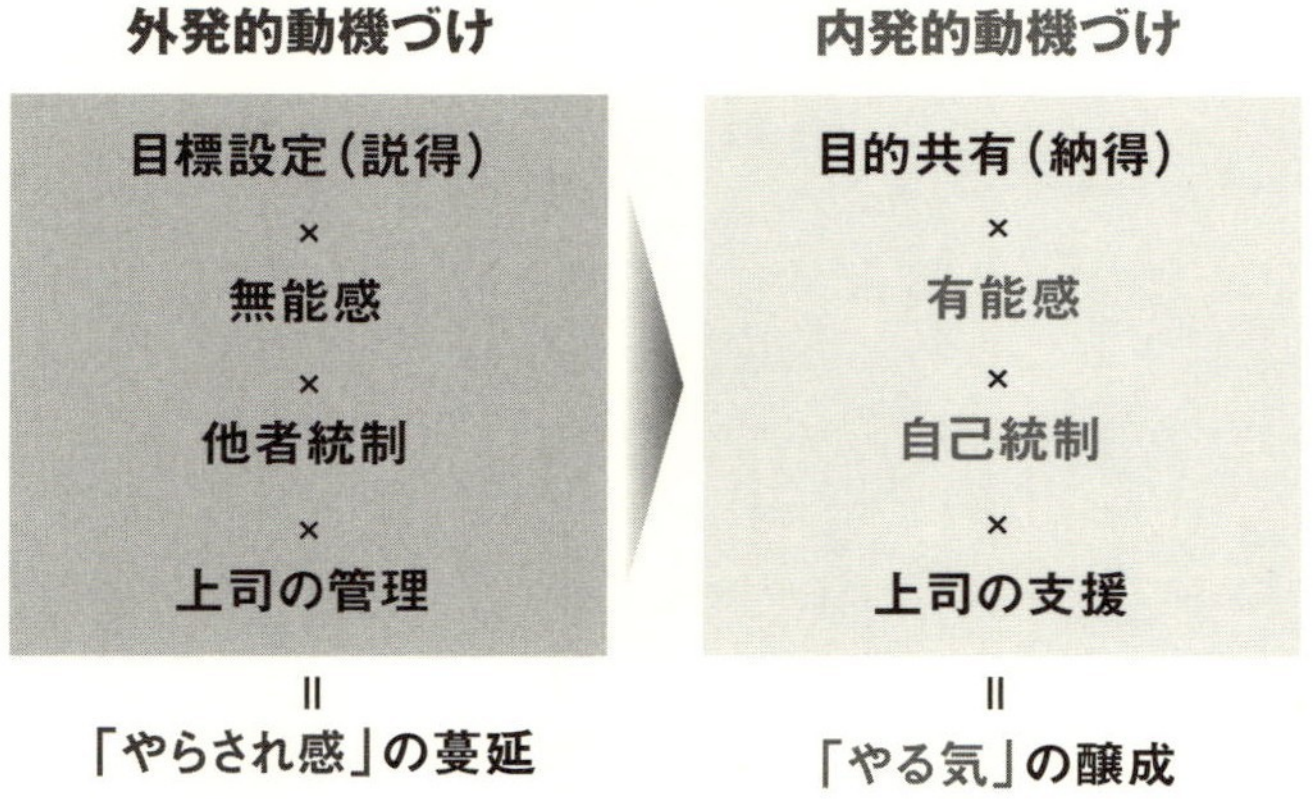

※参考：エドワード・L.デシ

デシの理論を私（前川）なりに咀嚼（そしゃく）し、わかりやすくまとめたものです。

図の左側の「外発的動機づけ」は、まさに古いパラダイムを象徴しています。目標が上から与えられ、日々の仕事を上司によって管理される、他者統制の環境では、働く人たちにはどうしても「やらされ感」が蔓延（まんえん）します。「やれ」と言われたことをやる。できなければ無能感を覚える。このようなサイクルに陥ると、働く人たちの「やる気」は必然的に損なわれていきます。そこに「働きがい」はありません。仕事が苦役になってしまうのです。

一方、図の右側の「内発的動機づけ」は新しいパラダイムにおいて、非常に重要な柱となります。

みんなで話し合って**一人ひとりが納得したうえで組織全体の目的を共有し、全体の目的達成のために自分の仕事がどのような意味を持つのかを理解し、自分の責任・裁量で任された仕事に取り組み、上司はそれを支援する。このようなプロセスで仕事に向かうと、日々の小さな目標達成の一つひとつに有能感を覚えることができます。**こうなると、働くことが楽しくなってくるのです。

他者統制・管理が基本となっている組織では、このようなモチベーションアップは期待できません。一人ひとりの自己統制や自律が尊重される環境でこそ、働く人たちの「やる気」は醸成され、「働きがい」が生まれます。

理論的にみても、「管理」から「支援」へのシフトは必然なのです。

「部下に自分のやり方を押しつけ、指示通りに行動するよう強制する」「数字のノルマ

を課し、結果だけを見て評価する」といったマネジメントは、すべて「外発的動機づけ」に該当します。心当たりがある経営者の読者もいるのではないでしょうか。

そのような**企業の業績が伸びないのは社員のせいではありません。やる気の構造を理解していない経営者の責任です。**

中小企業こそ「働きがい」が創りやすい

歴史的なパラダイム転換の中で、働く人たちの意識が変わりつつあることはすでに説明してきました。「カネ」や「働きやすさ」よりも「働きがい」こそが重要になっている。「今我慢すれば、将来高い給与や地位が手に入る」という若者への動機づけはもはや通用しなくなりました。

そして、企業の経営環境も変わりつつあります。

イノベーションが求められる今の経営環境においては、「その会社で長年経験を積

んできたこと」があまり意味をなさないケースが増えています。今までにない発想が求められているのですから、もはや年齢も経験も性別も国籍すら、関係はありません。むしろ、**社内の常識を共有しない部外者こそが必要とされる局面も多くなっています。**

大企業でも、新規事業や新商品開発などを目的に、実績以上に多様性を重視したチーム編成をして、結果を出す例が増えてきているのがその好例です。

経営戦略として多様性が求められる時代になっているのです。

人々の企業を見る目も変わってきています。

今は、環境（Environment）、社会（Social）、企業統治（Governance）に配慮している企業に投資するＥＳＧ投資が広がり始めていることからもわかるように、その企業を短期的利益ではなく、長期的な社会貢献度で評価する動きが広がっています。

反対に、どれだけ業績が良くても、商品やサービスが評価されていても、従業員に過酷な労働を強いたり、パワハラが横行していたりするブラック企業であることが公にされれば、企業の評価は一気に下がってしまいます。

古いパラダイムでは、将来の高い給料や地位の保証で若者を惹(ひ)きつけ、社内での実績や人間関係で出世が決まり、画一性の高い人員を大量動員してひたすら利益を追求するというのがルールでした。

明らかに大企業に有利なルールです。このルールで勝負している限り、中小企業に勝ち目はありません。

しかし、ルールは変わりました。

前項でも説明したように、**規模の小さい中小企業は、経営者が本気で改革に取り組めば、新しいルールに適応した組織に生まれ変わることは十分可能です。**大企業はその点で明らかに苦しんでいます。大多数、組織が大きく、オーナー経営者がトップに立っていないため、変わりたくても変われないでいるのです。時代の変わり目にある今は中小企業にとって追い風が吹いている状況なのです。

もちろん、中小企業でも、役員を務める親族や古株社員が抵抗勢力となることはあるでしょう。しかし、大企業の改革と比べれば、やってできないことではありません。

大企業のサラリーマン経営者とは違い、多くの中小企業経営者は、経営に人生をか

けているはずです。同じように人生をかけて改革に取り組むことで、「働きがい」あふれる組織を作り出すことはできるのです。

それによって、この人手不足の中でも人を集めることが可能になります。何より社員の離職率が下がります。「働きがいのある会社」ランキングの調査元であるＧＰＴＷ（グレート・プレイス・トゥ・ワーク）のマイケルＣ・ブッシュの著者『世界でいちばん働きがいある会社』（日経ＢＰ社刊）によると、米国「働きがいのある会社１００」では、平均して自発的離職者が同業他社の2分の1以下だそうです。また、一人ひとりが「働きがい」を持って仕事に取り組むことで、必然的に全体の生産性が高まり、結果として業績も伸びていきます。

変わろうとする中小企業を数多く支援し、組織が大きく生まれ変わる現場をいくつも見てきたからこそ、こう断言できます。

中小企業にとって今こそがチャンスなのです。

第4章

「採れない」「辞める」「育たない」組織の課題

4

本章からは、今まさにチャンスを迎えている中小企業が、この機を逃さず、「採れない」「辞める」「育たない」という三重苦から抜け出し、「採れる」「辞めない」「育つ」組織へと生まれ変わるための考え方や具体的手法について解説していきます。

さて、この改革を実践しようとするなら、まず、自社の問題点を明らかにする必要があります。経営者の読者にとっては耳の痛い話も多いかもしれません。しかし、身を切ることなしに、大胆な改革が実現されることはありません。

ここに挙げる「採れない」「辞める」「育たない」会社に共通する7つの問題点は、いずれも私たちが中小企業の組織作りにコンサルタントとしてかかわるなかで、改革を阻害する重大な問題として実感したものばかりです。

最初に、経営者自身が、これらの問題点を直視し、これらが会社の成長や改革のネックになっていること、そして、これらの問題点の要因が他ならぬ経営者自身にあることを認識する必要があります。

実際のコンサルティングでも、このステップは欠かすことができません。

このステップを経ずして、従業員に改革を丸投げしてしまっては、結局は本質的な問題は何も変わらず、改革は骨抜きになってしまいます。

「組織はトップを超えられない！」といいます。変わらなければいけないのは何よりもまず経営者なのです。

経営者の思いが、社員に届いていない

私たちが組織作りにおいて大切にしていることのひとつが、「ビジョンの明確化と浸透」です。 経営者が明確なビジョンを掲げ、それを組織のメンバーと共有することなしに、「働きがい」あふれる組織作りは決して実現できないからです。

しかし、実際に経営者の話を聞くと、すべての根本であるビジョンに関して、問題があるケースがしばしばあります。

代表的なパターンは、次のふたつです。

ひとつは、ビジョンそのものが不明確、あるいはビジョンといえるものがないケースです。このような企業の経営者の話を聞くと、「5年後には10億円を売り上げる企業にしたい」「県内のシェアナンバーワンを目指す」など、目標として挙がってくるのは売り上げやシェアのことばかり。

もちろん、売り上げに関して目標を持つことを全面的に否定するつもりはありません。しかし、売り上げは、社会やお客様に対してどのような価値を提供するのかといったビジョンに向かって活動した結果としてついてくるもの。

数値目標は、ビジョンではありません。

しかし、その事業を手がけるに至った原点に立ち返れば、売り上げやシェア以外の思いがまったくないという経営者はそれほど多くはないはずです。心の奥底にはきっとビジョンの種があるはずなのです。

それなのに、心の奥底の思いを言語化できていない。**明確な言葉にしなければ当然社員には伝わりません。**言葉にするから、その言葉に宿る力(言霊(ことだま))が発揮できるのです。経営者自身も、言語化しないことによって、だんだんと当初は抱いていたはずの思いを見失っていき、売り上げのことばかり話すようになる。日々、資金繰りに苦

労する経営に対峙するとなおさらです。

このような悪循環に陥った企業では、社員は「何のために働いているのか」がわからなくなってしまいます。言語化することは大切なのです。

もうひとつのパターンは、ビジョンは掲げられているのに、それが行動と結びついていないケースです。ただ、言葉としてあるだけなのです。

このような企業の経営者は、例えば、「この商品を通して、人々の生活をより便利に、豊かにしたい」といったビジョンは語るのです。また、社内に向けてもこのビジョンを伝えてはいます。しかし、それだけなのです。

社員にはそのビジョンが響かず、掲げてはいても共有されてはいない。これではビジョンを持つ意味がありません。**「伝える」と「伝わる」は違うのです。**

理由はいくつかあります。

経営者自身があまり掘り下げて考えることなく、「ビジョンや理念のひとつもあった

ほうがいいだろう」とあまり吟味しないで、企業としてのビジョンを決めてしまっていることもあります。これでは、ビジョンは単なるお題目ですから、日々の行動と結びつかないのは当然ですし、社員にも響きません。

また、ビジョンはしっかりと考えていても、例えば、年頭の訓示で語るだけ、など、社員がそのビジョンに触れる機会があまりに少ないという企業もあります。伝える努力や工夫が不足しているのです。

その点を指摘すると、「年に1回伝えれば十分だろう。ウチの社員はわかっているよ」といった言葉がよく返ってきます。しかし、次の章で詳しく解説しますが、ビジョンの共有には繰り返し伝える努力が欠かせません。年に1回伝えればOKというほど簡単なことではないのです。実際には、経営者が思っているほど社員の胸には届いていないことがほとんどだと考えてください。

明確に言語化されたビジョンが社内で共有されていない組織では、経営者の思いと社員の気持ちとは必然的に離れていきます。

経営者の視点が、結果に偏りすぎている

多くの中小企業は厳しくなる一方の経営環境に苦労しています。そのため、経営者の頭の中が短期的な売り上げで一杯になってしまうことも理解できないことではありません。前項でも取り上げたように、会社のビジョンとして売り上げ目標やシェア目標を掲げる企業も少なくありません。

しかし、前章で見てきたように働く人たちの意識は変化しており、このように**経営者の視点が結果に偏重している企業では、社員のモチベーションは確実に下がっていきます。**

「そんなことを言ったって、売り上げが伸びずに会社が潰れてしまったら、元も子もないだろう」

「社員を食わせていくためには稼がなければならない。結果こそが重要なんだ」

図3　ダニエル・キム（MIT教授）の「組織の成功循環モデル」

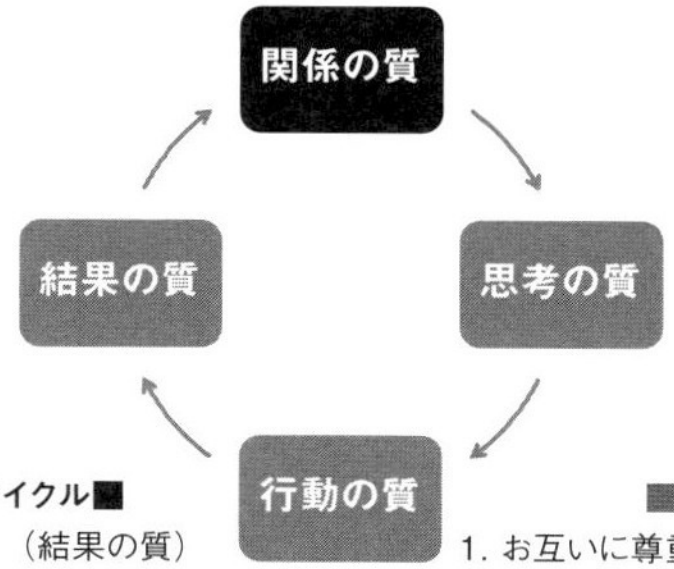

■バッドサイクル■
1. 成果が上がらない　（結果の質）
2. 対立・押し付け・命令する（関係の質）
3. 面白くない、受身で聞くだけ（思考の質）
4. 自発的・積極的に行動しない（行動の質）
5. さらに成果が上がらない（結果の質）

■グッドサイクル■
1. お互いに尊重し、一緒に考える（関係の質）
2. 気づきがある、面白い（思考の質）
3. 自分で考え、自発的に行動する（行動の質）
4. 成果が得られる　（結果の質）
5. 信頼関係が高まる　（関係の質）

※考案：ダニエル・キム

こんな声が聞こえてきそうです。しかし、結果ばかりを求めると、肝心の結果が悪くなるということは理論的にも明らかなのです。

上の図３は、ＭＩＴ（米マサチューセッツ工科大学）のダニエル・キム教授が提唱する「組織の成功循環モデル」です。

組織はこのように「関係の質→思考の質→行動の質→結果の質→関係の質……」というサイクルを描いて変化していきます。

グッドサイクルが回っている良い組織

は、「関係の質」を変えるところからスタートします。まず、お互いを尊重する関係をしっかりと作ることができると、気づきが共有され、一人ひとりに当事者意識が育ち、思考が変わります。すると、次に行動が自発的・積極的に変わり、最後に結果がついてくる流れとなります。

それに対して、「結果の質」を求めるところからスタートするのがバッドサイクルです。思うように結果が出なければ、組織内に対立が生じ、さらに結果を求めて上からの指示・命令が厳しくなる。それによって「関係の質」は悪化します。すると、社員は受け身になり、創造的思考も生まれなくなり、「思考の質」も悪化します。思考の質が下がれば、必然的に「行動の質」も下がり、誰も積極的に動かなくなります。その帰結として、当然ながら「結果の質」はさらに悪くなります。

多くの中小企業が、経営者が結果にばかり注目することによって、このバッドサイクルに陥ってしまっているのです。

結果で社員のお尻を叩くことは、まったくもって逆効果でしかありません。経営者

のその姿勢こそが、毎月の売り上げを下げているのです。

フラット組織という名のワンマン組織

「ウチはフラットな組織にしてるから」

自社の組織構造をこのように語る中小企業経営者は少なくありません。しかし、この「フラットな組織」というのが実は曲者です。

上下関係がないフラットな組織というと、社員同士がヨコにつながった風通しの良い組織をイメージしますが、実態はそのまったく逆というケースが非常に多いのです。どういうことでしょうか。

フラットな関係の組織ということは、中間管理職が存在しないということです。すると、経営者が全員を直接管理するという体制にならざるをえません。すると何のことはない、**すべてが経営者直轄のワンマン組織になってしまいやすいのです。**

このような組織では、社員はすべて経営者と一対一の関係になりますから、ヨコのつながりはむしろ悪くなります。すべてがつながっているのは経営者の頭の中だけで、

一人ひとりの社員は「他の社員が何をやっているのかよくわからない」といった状況に陥ってしまうのです。これでは組織全体の機能・生産性は低下してしまいます。

また、よほど社員数が少なければ別ですが、社員全員を経営者ひとりで管理しようとすると、結局は手が回らなくなり、きめの細かいマネジメントができなくなります。すると、社員によっては、仕事を丸投げされて、ロクにサポートもしてもらえない状態が続くことになってしまいます。

社員の立場に立てば、相談できる相手が経営者しかいないわけです。日々の細かな相談を経営者にするのは気が引ける場合も多いでしょうから、ひとりで仕事を抱え込むことになりやすい。これも、ミスを生み、全体の生産性を低下させる原因になります。

このような**「フラット型ワンマン組織」は、協調性がなく、生産性が低い組織の悪しき典型なのです。**

本音が言えない組織風土

「言いたいことがあれば遠慮せずに言えと言っているのに、ウチの社員は何も意見を言わない。積極性に欠ける社員ばかりで困る」

このような愚痴も中小企業経営者と話をしているとよく出てきます。しかし、ほとんどの場合、そうなるのは社員のせいではありません。

これも経営者の責任なのです。

自由に本音が言えるかどうかは、社員一人ひとりの積極性以上に、そもそも自由に意見が言える雰囲気が醸成されているかという問題が大きいからです。このような雰囲気は経営者が主導して意図的にそういった組織風土作りを仕掛けなければ、自然に生まれるものではありません。

一般的に、社員は会社を「本音が言える場」とは認識していません。組織の中では

本音を押し殺して生きていかなければならないと思っているのが普通と捉えておくべきでしょう。日本人には特にそういう傾向が強いですから、何もしなければ、自由な意見など出てこなくて当たり前なのです。

また、経営者が、自分とは異なる意見を受け入れる姿勢を普段から見せていないとしたら、なおのこと下からの提案など出てきません。

過去に意見を言った社員がいたとしても、それが、「そのアイデアは私の考えとは違う。何もわかっていないな」と却下されるのを見ていたら、他の社員はもう意見を言おうとは思わないでしょう。「何でも言いなさい」と言いながら、実質は、自分の意に沿った意見にしか耳を傾けない、そんな経営者が実際には多いのです。中小企業の場合、**経営者は人生をかけて会社を背負わなくてはいけません。その責任感は当然必要なのですが、時として、その強い思いが社員にワンマンと映る場合が多いのです。**

もうひとつ、社員が本音を言えない組織に共通しているのは、社員と経営者とのインフォーマルなコミュニケーションの機会が少ないということです。ちょっとした雑

談など、社員と経営者との間に普段から何気ないコミュニケーションがある職場なら、社員がポロッと本音を語れる空気もときに生まれます。しかし、経営者に対して何かを言う場が会議くらいしかないとしたら、社員の口はますます重くなってしまうでしょう。

このように本音が言えない組織風土では、経営者が社員一人ひとりの思いや考え方を知る機会もありません。「働きがい」がある組織作りに大切なのは、社員の思いを理解して、それに応じた承認をすることが大切です。しかし、社員の思いがわからなければ承認のしようもありません。

そのような組織では、経営者は自分の価値観のみに従って社員の働きを評価し続けるでしょう。結果として、社員は「上の言うことに従っていればいいんだ」「余計なことは言わないほうが得だ」と考えるようになります。

社員が本音を言えない組織に「働きがい」が生まれることはありません。

社員から本音が出てこないのであれば、経営者はその現状を社員のせいにして嘆いている場合ではないのです。今すぐ、本音を言える組織風土作りに着手してください。

社員それぞれの役割が不明確

中小企業、特にベンチャー企業の経営者から次のような言葉が聞かれることがしばしばあります。

「ウチは手を挙げれば何でもできる会社なんだけど、自分から動こうとする社員がいない」

経営者が社員の主体性、積極性のなさを嘆くという構図は前項と似ています。そしてこの問題に関しても責任は社員ではなく、経営者にあります。結論を言えば、一人ひとりの役割が曖昧なこと、評価制度が未整備なことがその要因です。

役割とは必ずしも具体的な仕事内容を指しているわけではありません。

例えば、「成長段階にある会社の可能性を広げるために、未知の事業領域を開拓すること」という役割もありえます。このような役割を与えられた社員は、自ら何ができるかを考え、積極的に提案するはずです。それが会社内での自分の役割だからです。

その場合、経営者は、その社員の役割を踏まえ、既存の業務の負担を減らし、役割に注力できるようなマネジメントをすることになります。

役割が明確であれば、社員も安心して動くことができるのです。

しかし、役割が不明確だと、目の前の仕事以外は基本的に担当外。新しい仕事の開拓など「自分の仕事ではない」という意識が強く働きます。

さらに**新しいことにチャレンジした際の評価基準が不明確だと、なおのこと自ら手を挙げる意欲は失われます。**

それもそうでしょう。やったところでどれだけ評価されるかわからない、加えて、失敗した場合に、結果だけを見て評価が下げられてしまうかもしれない、このような条件下で、自ら手を挙げてまで新しいことにチャレンジしようという気持ちにはなりま

せん。

役割と評価を不明確なままにしておくと、心理学の世界でリンゲルマン効果（社会的手抜き）と呼ばれる、「自分が頑張らなくても誰かがやるだろう」という集団意識が社内に蔓延してしまいます。

こうなると、自ら新規事業を提案しないどころでなく、誰がやるのか担当が曖昧な仕事も、誰も進んでやろうとはしなくなります。リンゲルマン効果が働いている組織は、当然の帰結として、全体のパフォーマンスが落ちていきます。

人員が限られている中小企業では特に、一人ひとりが自律的に働くことが求められます。しかし、経営者が「自律的になれ」「積極的になれ」と上からいくらハッパをかけても社員は変わりません。肝心なのは役割と評価基準の明確化なのです。

不発するモチベーション向上の施策

社員のモチベーションが全体的に低いことに危機意識を抱き、「何とかしよう」とモチベーション向上のための施策に取り組んでいる経営者は少なくありません。

しかし、他社の事例を参考に、表彰制度、「ありがとう」カード、社員の誕生日のお祝いなどを行ってみても、あまり効果を発揮していないケースが実は多いのです。社員の反応が今ひとつ薄いどころか、制度が早々に形骸化して、むしろ社員の間には「いつまでやるんですか、これ?」と言わんばかりの「しらけムード」すら漂い始めることもあります。

「モチベーション向上施策なんて何の意味もない。やるだけ馬鹿馬鹿しい」

せっかく導入した施策が不発に終わると、経営者がこのようにボヤきたくなるのも無理のないことかもしれません。

しかし、表彰制度や「ありがとう」カードなどの施策自体にまったく意味がないと

考えるのは誤りです。実際にこれらの施策が効果を発揮している企業はあるのですから。

不発に終わってしまうのは、経営者が導入の仕方を間違っているからです。

大前提として、組織全体のモチベーションを向上させようとするなら、次章で紹介するように、ステップを踏んで幾層ものアプローチを重ねていくことが必要です。他人の意識を変え、行動を変えるということは、それだけ大変なことなのです。

少しだけ次章を先取りして説明しておくと、改革の最初のステップとしては、経営者と社員との相互理解を深めることが必須です。何に価値を感じているのか、どのような思いを抱いているのかがわからない相手のモチベーションを高めることなど、神様であっても不可能ですから。

モチベーションの向上施策が不発に終わっている経営者は、この重要なステップを省き、表層的に制度だけを導入して、「何かをした気になっている」に過ぎません。表彰制度ひとつで組織全体のモチベーションが上がることなどそもそもありえないので

す。

また、制度設計に工夫が欠けていることも、不発に終わる理由のひとつです。

表彰制度でよくあるのが、特定の評価基準でのみ表彰しているため、結果として毎回同じ人が表彰されることになってしまうケースです。これでは他の社員は早々に「自分には関係ない」と関心を失ってしまいます。

モチベーション向上施策というのは、社員のワクワク感を刺激するために取り入れるものですから、自社の風土に合わせて、経営者自身が社員に楽しんでもらえるような工夫をすることもポイントになります。

さらに、「結局はカネだろう」という考え方で表彰制度を導入するのもよくある誤りです。この点に関しては、第3章の〝「やる気」の構造を理解する〟で説明している通りです。表彰金を設けようが、その金額をいくら上げようが、どこまで行っても外発的動機づけでしかありません。

外発的動機づけには限界があり、本質的なモチベーション向上にはつながりにくい。

「ニンジンをぶら下げればみんなやる気になるはず」という考え方自体が、古いパラダイムに属するもので、今の従業員には響きません。

今、経営者に求められているのは、内発的動機づけに取り組むことなのです。

社員を育成する風土がない

人手が足りない中小企業では上司や先輩も忙しいですから、新人や若手が、業務に関する必要最低限のことを教わったあとは放っておかれるケースがよくあります。もちろん、日々の業務に関して、細かな指導や注意はするでしょうが、彼ら彼女らの成長をフォローするような接し方ができていない。そして、それが「忙しいんだから仕方がない」と当たり前のことになってしまっている企業が多いのです。

このように、人を育てる風土がない組織では、若手のモチベーションはなかなか高まりません。上司や先輩からの承認を得ることによって、自らの成長を実感する機会が少ないからです。

経営者の言い分はこうです。

「みんな忙しいんだから仕方がない。そもそも仕事っていうのは手取り足取り教わるものではない。現場で上司や先輩の背中を見ながら覚えていくものだろう。自分の若い頃もそうだった」

まず、この**「上司や先輩の背中を見て仕事を覚える」というのが、古いパラダイムに属する考え方です。**

高度成長期は、確かに上司や先輩の仕事ぶりが有効なロールモデルでした。製造業を中心に拡大再生産で企業が発展していた時期は、現場での仕事のやり方もそう大きくは変わりませんから、上司や先輩のやり方を見て学べばなんとかなったのです。

しかし、今は、多くの企業でイノベーションが求められ、仕事のやり方も急激に変化しています。例えば、昭和の時代は、どの企業でも「営業は足を使って稼げ」と言われていたものですが、今は、インターネットをうまく活用したほうが遥かに業績が上がるケースもしばしばあるでしょう。急激に変化していく市場を分析するためにA

Iやビッグデータを活用する企業も増えています。

仕事のやり方自体が急速に変化しているので、肝心の上司や先輩も「今までのやり方でいいのか?」と悩み、右往左往しているのが現状。若手にとって、上司や先輩がそのままロールモデルになりにくい時代になっているのです。

また、若者のメンタリティも昭和の時代とは違います。子どもが少ない時代に生まれた彼ら彼女らは、小さい頃から何かにつけて手取り足取り教えてもらって育ってきました。「放っておかれること」に慣れていないのです。

ですから、彼ら彼女らは、放っておかれている現状に、昭和世代が想像する以上の不安感を覚えています。「もっと面倒を見てほしい」と感じているのです。

ここで、「今どきの若い者は……」という話を始めても意味はありません。少なくとも、それが今の多くの若者に共通するメンタリティであるのなら、それに対応する育成の仕組みや方法を考えなくてはいけないのです。

誤解してほしくないのですが、「だからずっと手取り足取り教え続けなければならな

い」と言いたいわけではありません。**受け身な姿勢が目立つ若手であっても、段階を踏んで育成することで、「働きがい」を実感するようになれば、自律的になっていきます。**本書が目指していることがまさにそれです。

なお、人材育成に関して課題感を持っている経営者は、外部の研修やセミナーなどを活用しているはずです。しかし、これがうまく育成に結びついていないことも多いのです。

もちろん研修やセミナーの内容や選択に問題があることも少なくありませんし、期間が短すぎるケースもあるでしょう。しかし、私たちは、研修と現場の連動が欠けているということにより大きな問題があると感じています。

数日間の研修を受けただけで、学んだことをすべて実践できるようになることなどありえません。**研修での学びを自分のものにするためには、学んだことを現場で実践し、うまくいかなかったら、その理由を考えて修正するというプロセスが必須です。**そして、そのためには、**現場の上司や先輩による研修内容を踏まえたフォローが欠かせま**

せん。

多くの企業ではこれができていない。だから、社員に研修を受けさせたところで、あまり成長や変化が見られないという結果に終わっているのです。

「働きがい」溢れる職場を目指すのなら、人が育つ風土を作ることは必須です。上司や先輩が、部下・後輩に関心を持ち、その成長にしっかりとかかわっていくことが求められます。

これに対して、「ただでさえみんな忙しいのに、部下・後輩育成にそこまで時間を割けなんて言えない」と反論する経営者も多いでしょう。しかし、その点は短期的な視点ではなく、中長期的な視点で考えるべきです。

時間と労力をかけてでもしっかりと若手を育てていけば、彼ら彼女らは自律的に動くことができる社員へと成長し、組織も全体として成長していきます。

このような視点で人材育成に取り組むことができるかどうかが、今、多くの経営者に問われているのです。

第5章

「働きがい」あふれる会社を創る5つのステップ

5

本章からは、「採れる」「辞めない」「育つ」組織へと生まれ変わるための考え方や具体的手法について説明していきます。

このような「働きがい」溢れる組織に共通する要素は次の7つです。

1. 経営者の思いが言語化されている
2. 経営者の思いに共感した人を採用し、その思いが共感され続けている
3. 経営者の視点が社員同士の関係性に向いている
4. 社員それぞれの役割が明確である
5. ワンマン型組織ではなく、サークル型組織が実現されている
6. モチベーション向上施策が効果を発揮している
7. 人を育てる組織風土がある

要は前章で挙げた7つの問題点がすべて克服され、一つひとつが新しいパラダイムに沿った方向に向いている状態にあるということです。

もちろん、組織創りや組織運営にひとつの正解があるわけではありません。それぞれの企業のやり方があって当然です。しかし、前章で挙げた問題点を克服するために

有効な一定の処方箋があることもまた確かです。

以下に紹介する「5つのステップ」は、私たちが、多くの中小企業の変革をサポートする中で、あるいは「働きがい」のある企業に取材し研究する中で、その意味や効果を確信するに至ったものです。

経営者が覚悟を持って、一つひとつのステップに順番に取り組んでいくことこそが重要なので、一部だけを抜粋して取り入れるのではなく、トータルで参考にしていただきたい。一つひとつを着実に実践すれば、組織は確実に変わります。

それでは、「働きがい」のある組織を作るための5つのステップを、順番に紹介していきましょう。

STEP1 「相互理解」
～経営者と社員の頭と心の中をガラス張りにする～

組織の活性化を図るために何より大切なことは、お互いに理解し合うことです。経営者と幹部、経営者と一人ひとりの社員、管理職と部下、社員同士がそれぞれお互い

に思いを共有することにより、前章で紹介したダニエル・キム教授の「組織の成功循環モデル」における「関係の質」が変わっていきます。これがすべての原点です。

では、そのためにはどのような取り組みが必要なのでしょうか。

○まずは、経営者自身が自己理解を深める

ここで目指しているのは「相互理解」ですから、経営者が社員のことを知るだけでなく、経営者自身のことも社員によく知ってもらうことが必要です。そのため、まずは経営者が自分自身を理解するプロセスが必要になります。

自己理解→他者理解→他者を受け止める（相互理解）

このような流れをイメージしてください。

「自分のことなら今さら理解を深めずともよくわかっている」と思っている経営者も多いでしょう。しかし、本当にそうでしょうか。毎月の売り上げや、人集め、資金繰り

などに苦労する日々の中で、心の奥底にある思いや大切にしている価値観を見失ってはいないでしょうか。**それを確かめる意味でも、ひとりになる時間を作り、目先の経営の問題はいったん忘れて、深くじっくりと「内省」することをおすすめします。**すぐれた経営者の中には、そのような時間をとっている人が少なくありません。

「自分はこの会社を経営することでどのようなことを実現したいと思っているのか」
「自分はどのような経営者でありたいと思っているのか」
「自分は理想を実現するために最善の努力をしているだろうか」

これらのテーマは、普段改めて考える機会が少ないのではないでしょうか。妥協や自己弁護をすることなく、これらのテーマについて内省することは苦しい作業です。多くの場合、現実との乖離(かいり)が浮き彫りになりますから。しかし、それこそが重要なのです。

この自己理解を通して、自分の思いや価値観を改めて整理し、経営者自身の課題を発見してください。

※自己理解と必要な行動が明確になる5つの質問に答えてみましょう！

Q1　自分の会社は社会の中で、どのような存在なのか？

Q2　そのような会社を運営する自分の社会的使命は何か？

Q3　そのような社会的使命を果たす上で、大切にしていくべき思いや価値観は何か？

Q4　そのような思いや価値観を持って、発揮していく能力と行動はどうあるべきか？

Q5　そのような行動で、どのような会社を作っていきたいのか？

○社員からどのように見られているかを理解する

自分ひとりの視点だけで自己理解を深めようとすると、どうしても見落としてしまう面、無意識に目をそらしてしまう面が出てきてしまいます。そこで、次に「**社員が自分をどう見ているか**」**という視点も取り入れて自己理解を深めます。**

もちろん、面と向かって幹部や社員に「私のことをどう思っている？」といきなり

聞いても本音が出てくることはまずありません。そこで次のような方法をおすすめします。

社員との日々のコミュニケーションの中で、言われてカチンときたことやショックを受けたことを一つひとつ書き留めておくのです。例えば、「社長、それだと先週の指示と食い違ってますが……」「そうはおっしゃいますが、今みんな手一杯で……」といった言葉などが、きっといくつも出てくるはずです。

もちろん経営者の側にも言い分はあるでしょう。「状況が変わっているのだから、指示が変わるのも当然だ。ベテランなのに今さら何を言ってるんだ」「忙しいのはわかっている。それでも今が頑張り時だというのがどうしてわからないんだ」といった思いがその場で頭に浮かんでくるでしょうし、実際に口にしているケースもあるでしょう。

しかし、こうした自分の言い分はいったん脇に置いてください。そして、これもひとりの時間を利用して、じっくりクールダウンしながら、**メモをした一つひとつの社員の言葉を、発言した社員の視点から改めて掘り下げてみるのです。**

すると、社員が自分に対して抱いている不満、自分をどう見ているかといったこと

が徐々に見えてきます。「自分の中では辻褄は合っているつもりだったが、社員から見たら軸がブレているように感じられるのかもしれない」「社員一人ひとりが今どのような状況で仕事をしているのか、確かに十分には把握できていなかった」といった気づきが生まれてきます。ここで整理できたことは改めて書き留めておきます。

まだ終わりではありません。朝礼や定例会議など社員が集まる機会を利用して、社員の言葉から何を感じたか、それを受けて**自分のあり方や行動をどう改善しようと思っているかなどを社員に対して表明してください。同時に気づかせてくれたことに対する感謝の気持ちも伝えます。**

「そんなことをしたら社員に弱みを見せることになる」と感じる経営者もいるでしょう。しかし、**「自己開示」は相互理解のための大切な作業です。**

経営者も社員とのコミュニケーションから日々気づきを得て成長していると伝えることは何らマイナスにはなりません。むしろ、社員にとっては、経営者をより深い部分で理解する機会になります。

一般的に、堂々と自己の弱みをさらけ出し、自己開示できることに、人は強さを感じます。弱みを隠し、表面を取り繕うことこそ、弱さを感じさせる行為なのです。

また、この自己開示によって、社員は自分の言葉が経営者に影響を与えうることを実感します。前章では、「本音を言えない組織風土」を問題点のひとつとして取り上げましたが、経営者自身が社員のフィードバックを受けた自己改善を表明することは、「本音を言える組織風土」を形成していくための重要な一歩になるのです。

○傾聴面談で、社員の思いや価値観を理解する

経営者自身の自己理解を経て、次に取り組むのは他者理解、つまり社員の思いや価値観を理解することです。そのために、一人ひとりの社員に対する傾聴面談を行います。

面談は定期的に実施しているという企業も多いでしょうが、その中身は、期・年間単位の目標や業績の共有、現状の業務内容に関する報告などが中心になりやすいかと

思います。また、企業によっては、経営者や上司からのお説教の場になっていること
もあります。

しかし、ここで**傾聴面談を行う目的は、普段はなかなか知る機会のない社員の思いや価値観を知り、それぞれの持ち味や強みを再認識することです。**この点は決してブレることがないようにしてください。

なお、誰が誰に面談するかは、企業規模や企業ごとの方針によって異なりますが（経営者が社員全員と面談する中小企業もあります）、社員が20人以上になってくると、経営者が幹部や管理職の面談をし、幹部・管理職がそれぞれの部下と面談をするというのが一般的でしょう。この場合、以下に説明する面談の方法や質問項目に関してしっかり共有しておくことが大切です。

傾聴面談に際しては、まず社員一人ひとりにシート（次ページの図4「メンバー育成計画シート」）を用意します。シートの項目のうち、「社歴」「現在の担当業務」「強み／弱み（上司の認識）」「将来への期待」に関しては上司が事前に記入しておきます。

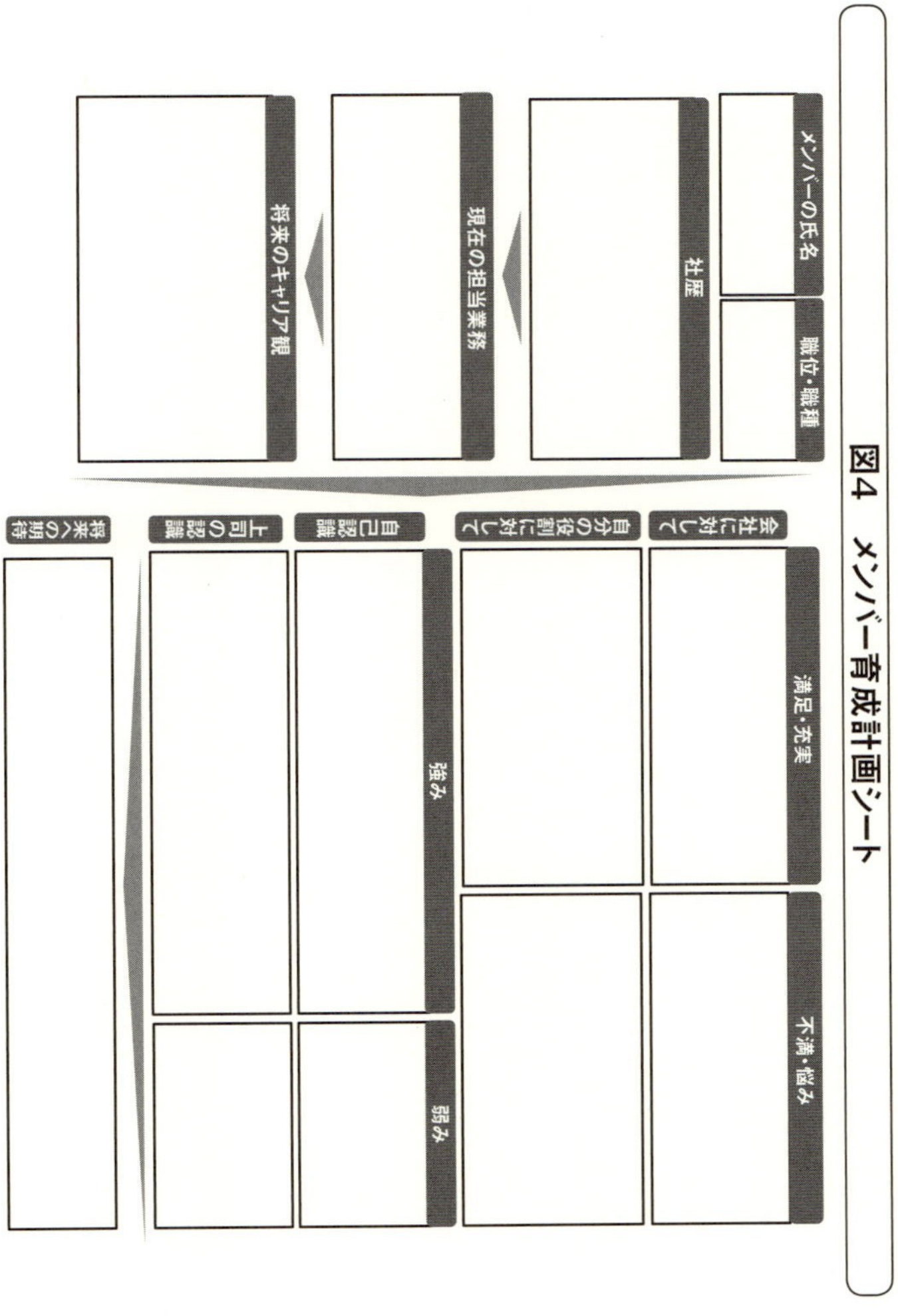

図4 メンバー育成計画シート

面談前に当該社員について考える時間を持つことで、質問のポイントや切り口を練ることになるからです。面談の際には、上司が事前に記入した内容が答えを誘導しないよう、部下には見せないようにしてください。

初めてこのような傾聴面談を行う際は、「この面談は会社と社員の間の相互理解を深めるためのもので、評価には一切関係ない」ことをしっかり伝えてください。できるだけ本音を話せるよう、リラックスした雰囲気で臨むことも大切です。

さて、ここから面談に入ります。シート内の項目に従って、「自分のどんなところが強み/弱みだと思っているか」「それを活かしてどんな仕事をしたいと思っているか」「仕事で大切にしたいことは何なのか？」「今の会社をどう思っているか（満足している点/不満に感じる点）」「今の仕事の役割についてどう思っているか（満足している点/不満に感じる点）」「将来はどう成長していきたいか」を聴いていきます。「強み/弱み」のところで**「強み」の欄を広く取っているのは「弱み」よりも「強み」についてより多く書いてほしいからです。**「弱み」についても触れますが、そこを掘り下げることはこの面談の主要な目的ではありません。

注意点は、**主役はあくまで部下だということ。**面談を担当する上司は、随時質問はしますが、基本的に聞き役に徹します。部下の話に対して何か意見したくなったとしても、この場では口にしないようにしましょう。

なお、「では、将来のキャリア感について話してください」といったいきなり直球すぎる質問の仕方は部下を固くさせてしまいます。例えばですが、「最近会社の雰囲気があまり良くないと思うんだけど、どう思う？」と相談形式で話を切り出すなど、適宜工夫をするようにしてください。

面談の結果、上司は今まで知らなかった部下の思いや過去の経緯などを知ることになるはずです。事前に記入した上司側の認識と本人の意識のズレもきっとあるでしょう。この**ズレを明確にすることこそ、相互理解の第一歩です。**

傾聴面談は1回やって終わりではありません。半年経てば変わる項目もあるかもしれませんし、1回目は出てこなかった本音が、回数を重ねる中で出てくることもあります。半期に1回など定期的に行うといいでしょう。

図5　モチベーション曲線

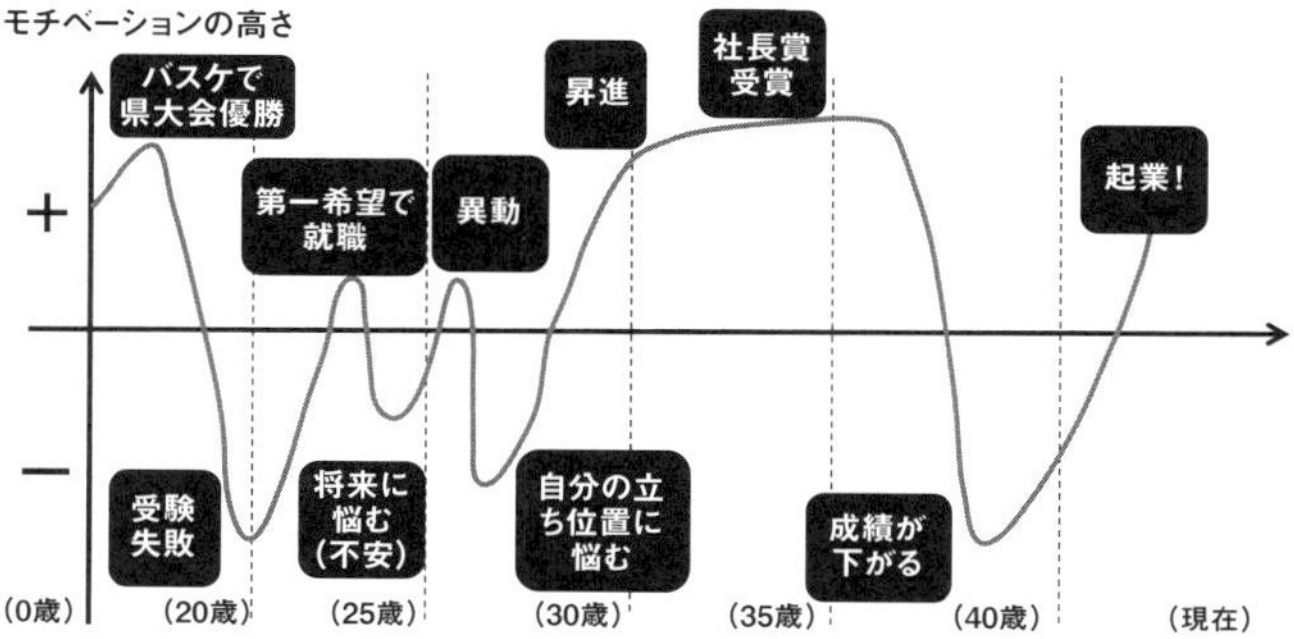

また、経営者や上司はカウンセラーではありませんから、最初の傾聴面談で完璧に部下の本音を引き出すことは難しいはずです。研修と実践を繰り返しながら、良い聴き手へと成長していくことを目指してください。

○モチベーション曲線で、社員の思いの原点を探る

傾聴面談の際、本人も気づいていないかもしれない思いや価値観を対話の中から引き出すのは簡単なことではありません。そこで、参考資料として役立つのがモチベーション曲線（図5）です。

社会人になってからのキャリアに限定せず、子どもの頃から現在に至るまで、人生に対するモチベーションがどのように変動してきたか、どんなときに上がり、どんなときに下がったかを曲線と簡単なエピソードで図にしてもらうのです。「子どもが生まれてモチベーションアップ」「離婚でモチベーションダウン」など、プライベートなことが入っていてももちろん構いません。プライベートも仕事も含めた「自分の人生」というくくりで描くことで、その社員が大切にしているものが見えてくることがあるのです。

なお、これも、あくまで相互理解のために活用するものですから、今、モチベーションが低いなら低いと正直に描いてもらうことが大切です。

今のモチベーションが高いか低いか、入社後どのように変動しているかも経営者や上司にとってはもちろん気になるところです。メンバー育成計画シートの「満足・充実／不満・悩み」にもかかわるところなので、このモチベーション曲線を材料に掘り下げて訊いてみるといいでしょう。

何がきっかけでモチベーションが下がっていったのかが明らかになれば、この後の

ステップである動機形成の際のヒントにもなるはずです。

ただし、モチベーション曲線のポイントはそれだけではありません。社会人になる前の子ども時代、学生時代の変遷をしっかり見ることも大切です。というのも、**仕事やキャリアへの思いや価値観の原点が、子ども時代や学生時代にあることも多いからです。**

例えば、学生時代はアルバイトやサークル活動で充実していて、モチベーションが高かったのに、社会人になってから急に低くなっている若手社員がいたとします。なぜこのような曲線になっているのか、詳しく話を聞いてみると、「大学生のときは、アルバイト先でもサークルでも周囲に認めてもらえる機会が多かったが、会社に入ってからは放っておかれている気がして、自分のことが認められている実感が得られなくなった」という答えが返ってきたとしましょう。

この若手社員は、人生において、周囲から承認されることを大切に考えていることがこのモチベーション曲線を踏まえた対話によって明らかにできます。このような社

員の内面は、「今」について話しているだけでは見えてきにくいものです。

「さすがに子ども時代はあまり関係ないんじゃないか」と思う読者もいるかもしれません。しかし、子ども時代の経験や将来の夢が大人になってからのキャリアに影響していることも意外とあるものです。大人になる過程で、その思いに蓋をしてしまっていることだってあります。**子ども時代についても触れることが、今の本人が気づいていない、あるいは忘れてしまっている思いを引き出すこともあるのです。**

○インフォーマルなコミュニケーションを充実させる

社員の本音は、傾聴面談だけですべて聞き出せるものではありません。オフィスでの雑談やランチや飲み会でのやりとりなど、インフォーマルなコミュニケーションの機会もできるだけ増やすことが大切です。

ただし、今は子育て中の女性社員も多いですし、昭和のように飲みニケーションに偏重しないよう、経営者や上司が工夫することが大切です。例えば、経営者がローテーションを決めて、毎日異なる社員とランチを共にしている企業もあります。それだけ

で、経営者と全社員との距離は縮まっていきますし、相互理解を深める土壌が育ちます。

また、イベントなどを充実させるのもひとつの方法でしょう。ただし、ただ漫然とイベントを開催するだけでは、形骸化してしまったり、社員が参加することに負担感を覚えてしまったりする可能性もあるので、参加したくなる工夫が必要です。

楽しみながら相互理解を深めるイベントとして、**「信頼」「社会貢献」「夢」「家族」「仲間」などの価値観を表す言葉が書かれているカードを使ったゲームもおすすめです。**自分が大切にしている価値観のカードを3つ選ぶ、あるいは社員同士ペアを組んで、相手が大切にしているように思えるカードを3つ選ぶというやりとりが、自分自身の価値観を改めて掘り下げたり、相手への理解を深めたりすることにつながります。

STEP2「動機形成」
～経営者の思いと社員の思いを共振させる～

STEP1によって、経営者自身の思い、社員それぞれの思いがある程度明確になります。STEP2は、改めて気づいた自分の思いに従って、必要であれば経営理念を作り直す、中期的なビジョンをブラッシュアップする、そして、経営理念やビジョンを社員としっかり共有することに取り組みます。

社員一人ひとりの思いを「働きがい」に結びつけるためには、経営理念やビジョンにどう結びつけるかが大切なポイントになります。

以下では、そのための具体的な方法を紹介していきましょう。

○社員と共有できる経営理念を創る

90年代に経営理念の重要性が盛んに叫ばれるようになり、今では、中小企業でも経営理念を掲げる企業が多くなってきました。ただし、この経営理念が社員に共有されているか、浸透しているかという点ではうまくいっていない企業も多く見受けられます。

インターネット事業を幅広く手掛ける〝人を軸にした事業開発会社〟であるＶＯＹＡＧＥ ＧＲＯＵＰは、かつて業績は好調な一方で社内に停滞感が広がっていることに危機感を覚え、経営理念の刷新に取り組みました。

当時の課題は、理念そのものというよりも、理念がもたらす効果。一部の経営陣だけで決めたものだったので、社員の共感値が低かったことが問題でした。

そこで同社は**「決めるプロセスが大切」と考え、社員一人ひとりに「どんな会社にしたいか」をヒアリング**し、「３６０°スゴイ」というＳＯＵＬ（創業当時からの想い）、「挑戦し続ける。」「自ら考え、自ら動く。」「本質を追い求める。」「圧倒的スピード。」「仲間と事を成す。」「すべてに楽しさを。」「真っ直ぐに、誠実に。」「夢と志、そして情熱。」というＣＲＥＥＤ（価値観）を再構築しました。社員が共有しやすいシンプルでキャッチーなワードに集約している点も大きなポイントです。

千葉県に多数の店舗を持ち、地元のパン屋さんとして親しまれているピーターパンは、

「私たちは、お客様を笑顔とおもてなしの心でお迎えし、常に品質を向上させ、美味

しい焼きたてのパンを提供します」（行動理念）、「私たちは一人ひとりの可能性を尊重し、共に学び共に成長し、お客様と共に幸せになります」（目的理念）などの経営理念を掲げ、社内でしっかりと共有しています。

かつて、同社でも、もっと共有しやすいシンプルな文言にまとめたほうがいいのではないかと、経営理念の修正を検討したことがあるそうです。しかし、その際、社員にヒアリングしたところ、「私は、この『お客様を笑顔とおもてなしの心でお迎えし』というところが好きです」、「私は、『一人ひとりの可能性を尊重し』という部分に共感しています」と、**長めの経営理念の中でも、社員それぞれに響く箇所が違う**ことがわかりました。経営者の思いを込めた文章の部分部分が、「最後の『お客様と共に幸せになる』というところまで」しっかりと社員に浸透していたことがわかり、経営理念はそのままとすることに決めたそうです。

このふたつの事例は一見対照的に思えますが、理念の策定や変更にあたって、社員にヒアリングをしているという点では共通しています。このように、プロセスをしっかりと共有することで、社員全体に納得感がある理念を創り上げることができるので

す。

○組織のビジョンを言語化させるシートを活用

創業時に経営者が創った経営理念に経営者自身の本来の思いが集約されていれば、経営理念は必ずしも見直す必要はありません。ただし、組織改革に着手した際には、中期的なビジョンは必ず策定し直してください。

中期的な**ビジョンとは、2～3年のスパンで、自分たちが、誰のどんな課題を、どのような方針で、どのような行動によって解決していくかを明文化したものです。このビジョンが、組織の一体化、社員の動機形成を図るうえで軸になっていきます。**

経営理念の見直しと同様ですが、このときも経営者や経営幹部だけでビジョンを決めるのではなく、**社員全員を巻き込むことが大切です。創り上げるプロセスを共有することが、全員にとって納得感のあるビジョンを生み出し、みんなで決めていくプロセスがそのまま共有・浸透のプロセスにもなるからです。**

では、どのように社員全体を巻き込めばいいのか。社員数次第では、全員が参加す

る会議を繰り返し開催するのもいいでしょう。また、部門ごと、チームごとに議論をして、下からの意見を集約するという方法もあるかと思います。

その際は決して堅苦しい会議にしないこともポイントのひとつです。車座になってワイワイガヤガヤやりながら自由に意見を出し合う楽しい会議になるよう心がけてください。

なお、ビジョンに関して話し合うときは、テーマやポイントを明確にしないと漠然とした内容になりがちです。そのため、次のページで紹介している「ビジョン言語化シート」（図6）を用意すると議論を整理しやすくなります。

最初に明確にするのは「①誰に」です。自社の主な顧客層の性別や年齢層などを書き出して、お客様の顔つきを明確にしてください。例えば、「子育てが一段落し、自分の人生を楽しもうとしている中高年の女性」といったことです。ＢtoＢ企業であれば、例えば、「日本のものづくりを支える中小企業」という内容になるかもしれません。

図6　ビジョン言語化シート

われわれのビジョン

①誰に	
②どんな課題に	
③何をもって	
④どんな行動で	
⑤どう役立つか	

大切にしたいキーワード

次に「②どんな課題に」を考えていきます。①で改めて明確にした主な顧客層が、日々の生活、あるいはビジネスの中でどのような課題を抱えているかについて意見を出し合います。ここは、商品やサービスの企画に直接関連してくるテーマですし、いろいろな意見が出てくると思います。

①が「自分の人生を楽しもうとしている中高年の女性」であれば、「年々小じわが目立ってきている。いつまでも若さを保ちたい」「夫婦仲良く過ごしたいが、夫と一緒に楽しめるものが見つからない」など、いろいろと課題が出てくるはずです。ここでは、既存の自社の商品・サービスにこだわらず、幅広く意見を出し合うと、顧客自身も気づかなかった課題等も見つかり、次なるビジネスのアイデアにもつながるはずです。

続いて「③何をもって」を話し合います。これは、④の行動を支えるコンセプトのことです。「何を大切にして行動するのか」ということですから、例えば、「徹底的にお客様に寄り添う」「お客様の感動を大切にする」といった言葉が入ります。

自社の特徴が大きく表れるところなので、できるだけ多く意見を出し合い、議論を重ね、「自分たちが何のために働いているのか」を社員全員で掘り下げて考えましょう。

「④どんな行動で」には、③に基づいてどんな行動をするかを具体的に考えます。「どの企業よりも、お客様の依頼にスピード感を持って応える」「少数のお客様のニーズにも確実に応えられるよう、リサーチに努め、品揃えを拡充する」など、日々仕事をするうえでの行動指針を定めていきます。

「⑤どう役立つか」は、③と強く関連するので、組み合わせて考えるといいでしょう。例えば、「③徹底的にお客様に寄り添う」ことをコンセプトとして行動し、「⑤お客様自身も気づいていない課題を発見し、解決する」といったイメージです。

自分たちの仕事を通して、お客様にどんなことを実現してほしいのか、どんなことを感じてもらいたいのかを、改めてとことん話し合ってみましょう。目先の売り上げにこだわって、あるいは日々の忙しさのあまりに、**社員が見失っていたかもしれない「自分たちの本当の目的」を再認識できるはずです。**

最後に、自分たちで話し合って決めた①〜⑤から、「感謝」「スピード」「学び」「成

長」などのキーワードを拾い出します。これらの言葉は、経営者や経営幹部、管理職が社員に何かを伝える際に常に使う言葉として、社内で共有しましょう。

なお、繰り返しますが、この会議で大事なのは全員が参加するプロセスです。幹部、ベテラン社員、声の大きい社員だけが意見を言っている状態にならないよう上手にファシリテーションすることを心がけてください。**美辞麗句のビジョンを作ることが目的なのではなく、この一連の流れを通して社員のモチベーション向上や組織の一体感醸成につなげることが目的です。**

ただし、ＳＴＥＰ１を経ているとはいえ、「経営に関して会議で発言する」という経験がない社員からは、最初はなかなか意見が出てこないはずです。その場合は、社員の本音が出やすくなるよう、「会社の経営」というテーマをいったん脇に置いて、個人にフォーカスして質問の角度を変えて見ることをおすすめします。

例えば、「キミはこの会社で何がやりたい？」とストレートに質問しても答えられない社員が多いのであれば、「（プライベートも含めて）今まで諦めてきたことを10個挙

げる」といったワークを取り入れてみましょう。そこで出てきた言葉には、裏返しとしての「やりたいこと」が読み取れることもあります。そのさらに裏側にある「価値観」「大切にしていること」を見つけていくと、そこから「どうやったらそれがこの会社で実現できるかな？」と話を展開していくこともできます。

そのほかでは、「お金と時間に制約がないとしたら何をやりたい？」「この会社での仕事があと3カ月で終わるとしたら何をやりたい？」「何をやっている時が楽しい？」「身近な人に自分が一番輝いて見えると言われるのは何をしているとき？」といった質問もキラークエスチョンになります。

なお、少し過激なやり方としては、一度、**社員に会社や経営者への不満を吐き出させるという方法もあります。**社員の本音を知るという意味では有効なのですが、お互いに感情的になり、会議の雰囲気が悪くなってしまったり、社員との間にかえって溝が生まれたりするリスクも決して小さくはありませんから、経営者の度量が問われます。

ただし、**社員の不平・不満の裏には「認めてもらいたい」「この会社が好きだ」という思いがあるものです。**「勝手なことばかり言って！」とカッとなる気持ちを抑え、「なぜ彼はこのように考えるのだろう？」「彼女のこんな思いに私は応えられていないのかもしれない」と包容力を持って考えるようにしてください。それでも心配な場合は、外部のコンサルタントやファシリテーターなどを介在させることをおすすめします。

一連の議論はもちろん時間がかかります。初めて取り組む場合には、最初に回数や期間は決めず、毎月1回などのペースで定期開催して、社員のマインドが変わっていくのを確認しながら進めることを意識しましょう。

なお、**社員の負担感が増さないよう、業務時間内に開催するようにしてください。**

○中里スプリング製作所の「ユメ会議」

群馬県のバネ工場である中里スプリング製作所では、毎月1回、社員同士が夢を語り合う「ユメ会議」を実践しています。

事業承継した中里良一社長が入社した当時、社員に夢を尋ねると、どの社員からも

「夢なんかない」という答えが返ってきたそうです。みんなが、わずか10秒も自分の生き様を語ることができず、5年後に自分がどうなっていたいのかもわからずに働いているいることに課題感を抱いた中里氏は、「会社の規模が小さいのは構わないが、人間の気持ちが小さくなってしまってはいけない」と、その場で仕事を中断して、工場で全員車座になりました。これが「ユメ会議」がスタートしたきっかけです。

この会議では、全員が最低1分間、自分の夢を語ります。そして、各自が、自分の夢の実現に向けて何が必要かを考え、「ユメ年表」という行動計画表に落とし込みます。「夢を実現するためには今月は何をすればいいか」を全員で楽しく語り合うことで、夢から逆算した具体的な行動目標が明確になってきます。

例えば、「好きな車に乗りたい」という個人的な夢でも構わないのです。「その車を買うにはいくら必要か」「そのためには給料をあといくら上げる必要があるか」「そのためにはどれだけ技術を磨く必要があるか」と考えていくことで、将来の夢につながるかたちで、日々の仕事への動機が形成されていきます。

経営理念やビジョンの共有とはまた別のアプローチですが、社員の動機形成を図る上では非常に効果の高い取り組みのひとつ。「社員に夢がない」と感じている経営者はぜひ参考にしてください。

○中小企業だからこそ理念採用が徹底できる

経営理念やビジョンと、自分の「やりたいこと」が結びついたとき、人は「自分はこの会社で何のために働いているのか」を理解し、日々働くことへの動機が形成されます。ただし、経営理念から遠く離れた価値観を持つ社員の考え方を変えるというのは容易なことではありません。ですから、最初から経営理念に共鳴する人材を採用するというのも、組織全体の動機形成を考える上では大切な戦略のひとつです。

新卒で大量の社員を採用する大企業では、経営理念に共鳴する人材だけを採用するという方針は採りにくいですし、そのために努力をしたとしても、人数が多くなれば、理念への共鳴度合いが薄い人材がどうしても増えてしまいます。

しかし、採用人数が限られる中小企業では、徹底した理念採用が可能です。

前出のピーターパンも、理念採用を実践している企業のひとつです。

同社がまず大切にしているのは、企業説明会において、自社の経営理念を経営者自らの言葉で語ることです。ただし、その理念が応募者に響いたとしても、その後の職場体験で、現場の先輩が理念と外れた仕事をしていては、かえって応募者を失望させてしまうことになります。実際に、経営者と人事が説明会で語る理念と、現場の意識がかけ離れている企業も少なくありません。

「だからこそ、普段から社内で繰り返し、理念を伝え続け、社員全員に徹底して浸透させることが大切なのです」と、同社の横手和彦会長は語ります。

同社では、入社1年目の社員に向けては、社長が講師を務める「たけのこ塾」を実施。新入社員が目の前の仕事に追われて、理念を見失うことがないようディスカッションを行い、自分の仕事の目的に立ち返り、経営理念を繰り返し伝えることにも努めています。

○理念に触れる機会を日々の仕事の中に設ける

経営理念やビジョンは作って終わりではありません。その後、**日々の仕事の中で経**

営者や管理職がことあるごとに伝えていくことによって、初めて一人ひとりの社員に浸透していきます。これを怠ると結局は日々の忙しさの中で、目の前の仕事に追われる状態に陥ってしまい、モチベーションが減退する要因になります。

例えば、管理職が部下に日々の仕事に関して支援する際も、「そこであなたがお客様の要求をすべて受け入れて一方的に我慢することは、『お客様も自分たちも幸せになることを目指す』という私たちの理念とズレていないかな?」というように、日々の仕事と理念を関連づけて考えることを促すアドバイスをすることが必要でしょう。

また、全員で理念を考える過程で生まれたキャッチーなキーワードを、社内の至る所に掲示して、常に目に入るようにしている組織もあります。

そのほか、**朝礼や定例会議、研修などの機会でも、そのつど理念を伝えることを心がけ、「しつこいくらいに」言い続けることが大切です。**

STEP3「協働意識」
～会社はみんなで支え合い、より善い目的に向けて共に働く場～

社員一人ひとりの動機形成の次に取り組むべきなのは、やる気になったそれぞれの社員をチームとしてまとめていくことです。

モチベーションは高くても、それぞれがバラバラに動いていたのでは、組織としての生産性は高まりません。それぞれが強みを発揮して、お互いの弱みを補い合うかたちでうまくかみ合ったとき、チームとしての機能は最大限に高まります。

また、共に働く仲間との人としてのつながりが強くなることで、一人ひとりの組織への帰属意識も高まります。「人が辞めない」組織を創り上げていくためには、これも非常に重要なポイントです。

では、そのような組織創りを実践するための具体的な手法やヒントを紹介していきましょう。

○ピラミッド型ではなく、サークル型組織を目指す

まず、社員同士の協働意識を高める組織創りに取り組むにあたり、どのような構造の組織を目指したらいいのかを明確にしておきましょう。

仕事人間の男性正社員が中心だった昭和型の企業は、年功序列のピラミッド型組織でした。上に行くほどポジションと年齢が上がり、下部は大量の若手が支えるという構造です。このような組織では、若者は、将来のポジションや給与が約束されていることをモチベーションに働き、それが組織への帰属意識を高めてもいました。

しかし、時代は変わりました。女性の社会進出も進み、派遣社員や業務委託のメンバーも多数いる今の多様化した組織では、それぞれの価値観も制約条件もバラバラですから、画一的な価値観を前提とする昭和型のピラミッド構造では、モチベーションも帰属意識も育ちません。

多様性が高い現代の組織をまとめるために求められるのは、ピラミッド型組織から

図7　ピラミッド型→サークル型へ

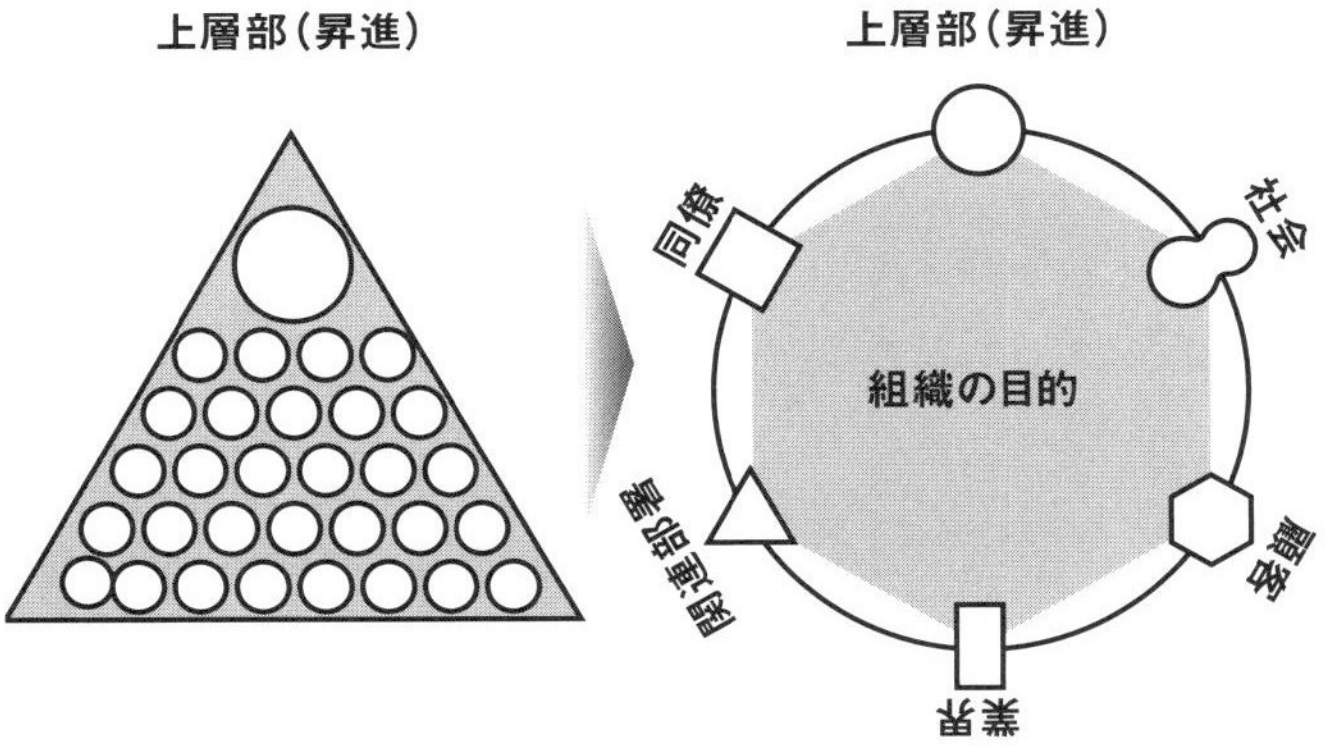

※考察：前川孝雄

サークル型組織への移行です（図7）。

サークル型組織では、それぞれのメンバーは、自分の強みを活かした役割を担いつつ、上下関係ではなく、サークル状につながります。その中心にあるのは、経営者や管理職などのリーダーではなく、「組織の目的」です。サークル型組織においては、経営者も管理職も、「会社を経営する」「チームをマネジメントする」という役割を担うメンバーのひとりにすぎないのです。

STEP2を経た組織であれば、目的でつながることはもう実現できているはずです。あとは経営者や管理職が、サー

クル型組織を意識したチーム創りや役割分担ができるかどうかが問われることになります。

目的と組織内での自分の役割をしっかりと認識できていれば、人は高いモチベーションを持って働くことができます。バラバラな価値観を持つ多様なメンバーがひとつの目的に向かってまとまることができるのです。そこでは、昭和型の組織とはまた違ったかたちでの帰属意識、協働意識が育っていくのです。

◯メンバーそれぞれの強みを活かす役割分担を

「いい人材が採れない」。中小企業経営者に話を聞いていると、このようなボヤキを聞くことが頻繁にあります。しかし、もともと人材獲得競争においては、大企業に比べると中小は不利ですし、売り手市場になっていればなおさらです。

ハイスペックな人材が採用できればなんとかなるはずと、無い物ねだりを続けていても始まりません。発想を切り替えましょう。

そもそも、多くの中小企業経営者は、自社の社員を過小評価しています。STEP1

の相互理解を実践すれば、多くの経営者は、自社の社員が実はそれぞれに強みを持っていることを再認識できるはずです。

「分析力とアイデアは抜群だが、口下手でプレゼンテーションは苦手」という社員もいれば、反対に「交渉やプレゼンテーションは大得意だが、アイデアが平凡」という社員もいるかもしれません。「顧客にかわいがられる性格で営業成績はいいが、伝票作成などでミスが多い」という社員もいれば、「人とのコミュニケーションは苦手だが、事務作業の丁寧さ、正確さはピカイチ」という社員がいることもあるでしょう。

このような社員たちに対して、「そのキャリアで、どうしてプレゼンひとつまともにできないんだ！」「どうして毎月毎月同じようなミスをする！」「あいつは愛想がないからダメなんだ！」と弱みにばかり注目する経営者が実に多いのです。

そうではなく、一人ひとりの強みに目を向けてみましょう。そして、**それぞれの強みで他の社員の弱みを補うようにパズルのピースを配置していくのです。**このようにチーム内での役割分担や人の組み合わせを考えてマネジメントすることによって、組織全体の生産性はグンと上がります。

例えば、「人とのコミュニケーションが苦手だが、事務作業の丁寧さ、正確さはピカイチ」という社員が、希望でもない営業職に配属されていたら、本人の希望を確認した上で事務部門に配属を変えることで、力を発揮できる可能性が高まるかもしれません。

「分析力とアイデアは抜群だが、口下手でプレゼンテーションは苦手」という社員と「交渉やプレゼンテーションは大得意だが、アイデアが平凡」という社員を組ませれば、お互いの強みを活かし合った最強のタッグになる可能性もあるでしょう。

「働きがいのある」組織創りに成功している経営者の中には、「社員の弱みばかり見ていたらきりがない。私は強みしか見ない」という人もいます。私たちも、多くの中小企業の現場を見てきて、まさにそれこそが正解であると感じています。問題は社員にあるのではなく、社員の強みを活かし切れていない経営者や管理職にある。そのように考え方を切り替えてチーム創りに取り組んでください。

○遊び心あふれるオリジナル組織図を作る

組織図というと、肩書きと名前だけをピラミッド状に並べた無味乾燥なものを思い浮かべる読者が多いかもしれません。しかし、私たちは、遊び心あふれる組織図（次ページの図8）を作ることを推奨しています。

例えば、サッカーチームのイメージで作成した場合、ポイントは、それぞれの強みや役割を表したキャッチフレーズを入れることと、チーム内におけるそれぞれの役割と関係が一見してわかるようにすること。もちろん、サッカーでなくても構いません。自社や各チームに合ったアイデアをいろいろと考えてみてください。

では、この組織図が持つ意味をさらに詳しく説明しましょう。

お客様を相手ゴールに位置づけるとすると、お客様に近い位置にいる営業担当はフォワード。キャッチフレーズは「大型新人ストライカー」「営業ムードメーカー」です。やや下がった中盤には、各メンバーを支える立場にいる「オールラウンドプレーヤー」のアシスタントがいて、経営に近い位置を自陣とすると、ゴールは「お客様&

図8　遊び心あふれる組織図

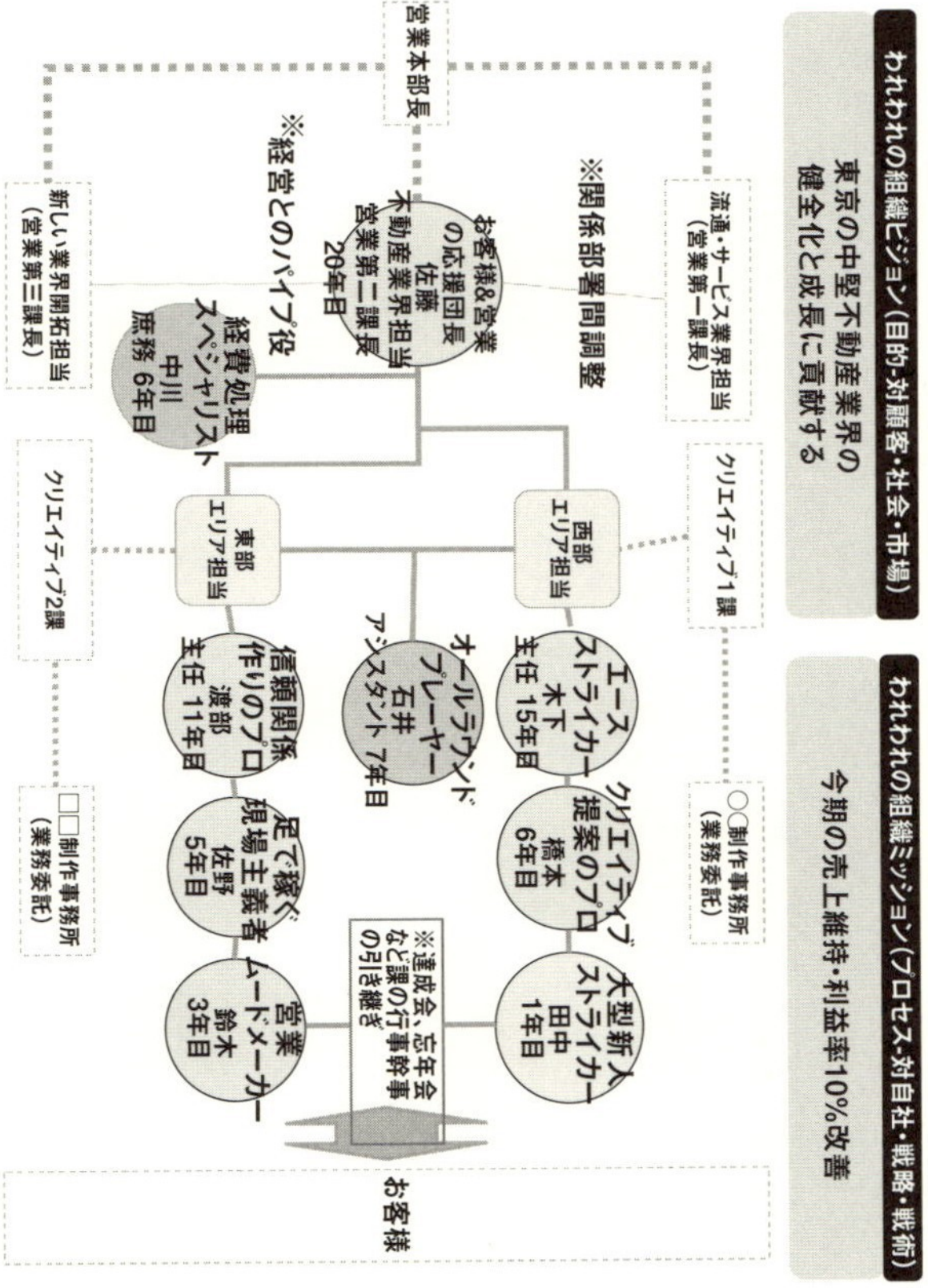

営業の応援団長」である課長が守っています。

この図とキャッチフレーズによって、各メンバーは自分の役割とチーム内での位置づけを一目で認識できます。そして、誰がどのような役割を担ってチームを支えているかという全体像もビジュアルでイメージできるようになります。

例えば、直接売り上げに貢献する営業担当と比べると、庶務担当などは、自分がチームにどのように貢献できているのか普段は実感しにくいものです。しかし、このような組織図を作ることで、「自分は後方からチーム全体を支える役割を担っているんだ」ということが認識できるようになります。

一方で、「大型新人ストライカー」は上司や先輩がしっかり中盤やディフェンスラインを支えてくれていることで、点を取ること（契約を取ること＝お客様の役に立つこと＝チームの目的）に専念できているのだということが理解できるはずです。

このように**チーム内での役割をそれぞれが明確に認識すると、各メンバーは自律的に仕事に取り組むことが可能になります。**

例えば、「中盤のオールラウンダーとして自分は何をすればいいんだろう？」と考え、自分の役割に基づいて、指示されなくても次の行動を起こすことができるようになるのです。「臨機応変にサポートに入って全体のバランスをとることが自分の役目なのに、最近○○さんとコミュニケーション不足だ。忙しそうだから何か手伝えることはないか聞いてみよう」と社員が自分から動くようになれば、チームは成長モードに入ったといえるでしょう。

また、このように**各自の役割がわかる組織図を作ると、どの役割を担う人材が不足しているかも把握しやすくなります。**

「ウチの会社は若いストライカー（営業担当）は揃っているけど、中盤で作戦を組み立てる司令塔的な人材が少ないな。営業経験豊富な中堅・ベテランを採用しないと」といった具合に、採るべき人材が明確にイメージできるようになるのです。これも、役割を書き込んだ組織図を作るメリットのひとつです。

○社員の承認欲求と帰属欲求を満たす

アメリカの心理学者アブラハム・マズローは、人の欲求には、低次のものから順番に、「生理欲求」「安全欲求」「帰属欲求」「承認欲求」「自己実現欲求」の5段階があると説明しています。

過酷な労働を強いられるブラック企業では「生命を脅かされないこと」「安全が確保されていること」という基本的な欲求が満たされません。そのため、働き方改革が進んでいる世の中の流れもあり、行き過ぎた長時間労働などを見直すなど、労働環境・労働条件の整備に取り組んでいる企業は多いはずです。しかし、**環境整備で満たされるのは、あくまで「生理欲求」「安全欲求」にすぎません。**

その次のステップとして、**経営者に特に意識してほしいのが、社員の「帰属欲求」と「承認欲求」を満たすことです。**

帰属欲求とは、「グループに所属したい」「仲間がほしい」「他者とつながっていたい」という欲求です。しかし、どのような組織であろうが、単に所属すればこの欲求

が満たされるわけではありません。**「善い組織」で「善い仲間」と働いていると実感できたとき、初めて帰属欲求は満たされるのです。**

では、「善い組織」とは何でしょうか？　例えば、名前を聞けば誰もが知っている有名企業であることに組織としての価値を感じる人もいるでしょうし、大きくて安定した組織に価値を感じる人もいるでしょう。そのような勝負になれば中小企業は不利です。

しかし、「善い目的」を持った組織も、人々の帰属欲求を満たす善い組織です。そしてこの点に関しては、中小企業が大企業に引けを取ることはありません。昨今では、伝統的な大企業でも、経営理念は善い目的であるにもかかわらず収益至上主義の現場とのギャップや歪みが生まれやすくなっています。しかし、**中小企業であれば、掲げる善い目的と現場を純粋につなげることはトップの覚悟次第でできるはずです。**

善い目的をどのように作り、共有していけばいいかは、ＳＴＥＰ２で説明した通りです。また、ＳＴＥＰ３でここまで紹介してきたように、各自の役割に基づいたサークル型組織が形成できていれば、善い目的に共に向かう「善い仲間」の存在も意識で

きるはずです。これらが実現できたとき、その組織は、メンバーの帰属意識を満たす善い組織となっているのです。

経営者にとって、次に重要となるのが、社員の「承認欲求」をいかに満たしていくかということです。

ここで重要なのは、経営者自身、あるいは現場の管理職による普段の声かけです。社員が、小さな目標であっても、自分で努力・工夫をして達成したら、そのつど「よくやったな」という声をかけてあげることを意識してください。また、経営者や管理職がその**社員に期待している役割をきちんと果たしている場合にも、それを当たり前と思わず、ことあるごとに、「ありがとう」と言葉をかけてあげてください。**

例えば、営業担当が大きな契約を取ってきた際などは、多くの経営者・管理職が、これまでも「よくやった」の声はかけていたでしょう。しかし、日々、コツコツと事務処理に携わる庶務担当に同じように声かけができていたでしょうか。

「あなたがいつも正確な仕事で書類を処理してくれているから、チームがうまく回っ

ている。いつもありがとう」という一言が持つ意味は実は非常に大きいのです。この一言で庶務担当の承認欲求が満たされます。

このような承認をことあるごとに受けることで、人は、「この会社でもっと働きたい」「もっとチームに貢献したい」というモチベーションを抱くようになります。

なお、マズローの5段階欲求として知られているのは、前述の5つの欲求ですが、晩年のマズローは、その上により高次の欲求があると論じています。

それは、**「共同体（コミュニティ）発展欲求」**です。

善い組織で高いモチベーションを持って働いている人たちは、自ずと「この会社をもっといい会社にしたい」という高次の欲求を抱くようになる。このことは、多くの成長企業を見てきた中で実感していることです。

このような社員が増えた企業は、経営者の想像を超えるレベルでの成長も可能にな

ります。経営者や管理職の日々の承認の積み重ねが、ゆくゆくはこのような高次の欲求へと結びついていくことを意識してください。

○若手の早期退職を防ぐ方法

新卒採用をしている中小企業にとって最近の大きな悩みは、せっかく採用した若手が、1カ月どころか、場合によっては数日から1週間という短期間で辞めてしまうケースが相次いでいることです。これは、中小企業に限ったことではなく、大企業でも起きている現象。経営者にとっては喫緊の課題です。

なぜこのようなことが起きているのか。ひとつには、若手の人材不足がどの企業でも深刻化していることで、辞めてもすぐに次の就職先が見つかりやすい状況にあることがひとつ。さらに、若手世代のメンタリティの変化も大きいでしょう。

SNSなどバーチャルなつながりは豊富でも、現実社会での人とのつながりが希薄な今の若者は、実は、高い帰属欲求と承認欲求を持っています。人は孤独なまま生きていけるほど強くはありません。しかし、会社に対する帰属欲求、承認欲求への期待

値が大きいだけに、それらが裏切られたときは、失望も大きい。「もっといい職場があるはず」と彼ら彼女らはすぐに行動に移してしまいます。

「ほんの1週間で何がわかるんだ。我慢が足りないだけじゃないか」「今どきの若い者は……」という経営者の声が聞こえてきそうです。しかし、世代が違えば、価値観も考え方も違います。まずは、今の若者とはそういうものであることを認識してください。

では、彼ら彼女らを、共にひとつの目的に向かうチームの一員として受け入れ、育てるために、企業側はどのような手を打つべきなのか。新入社員の早期退職を重要な経営課題ととらえ、工夫・努力している企業のひとつが、前出のピーターパンです。

同社は、理念採用を徹底し、入社後も現場と経営理念の乖離が起きないよう、全社員に理念を浸透させることを意識しています。これも、若手の早期離職対策としては非常に重要ですが、同社の取り組みはそれだけにとどまりません。

「入社してゴールデンウィークまでは、「自分のお客様は誰なのか、そのための自分の仕事は何か」を知ってもらうためにポジションをローテーションで回ります。そのためにパン作りの最もおもしろく、初心者でも教えてもらえばすぐにできる工程を先輩に手助けしてもらいながら学んでいきます。中学生の職場体験と同じ考え方ですね。入社後の数日間で、**仕事のおもしろさ、やりがい、自分が職場やお客様に貢献していることを実感してもらい、『ここには自分の居場所がある』『この会社で働き続けたい』という気持ちを持ってもらうことが大切なんです**」（横手会長）

新人には、一般的に下働き的な作業をさせる企業が多いものです。あるいは、未経験者には難しすぎる仕事を与えてしまい、いきなり「できない……」という思いをさせてしまう職場もあります。これでは、新入社員は、仕事のおもしろさも、自分が役に立っているという実感も得ることができません。そのような状態で、忙しい先輩たちに放っておかれたら、若手はほんの1日のことでも、無力感や孤独感を強く感じることになります。これが辞める動機に直結してしまうのです。ピーターパンの新入社

員に対するアプローチはまさにこの課題を解決するためのものといえるでしょう。

その背景には、「社員は家族」という横手会長の考え方があります。理念に共鳴して自社に入社してくれた若手は自分の子どものようなもの。そう考えることができれば、彼ら彼女らが、前向きに仕事に取り組めるようにするための努力もできるはずです。

もちろん、業種・職種によって方法は様々でしょう。大切なのはできるだけ早い段階で、若手の帰属欲求と承認欲求を満たすための工夫をすることです。

「3日や1週間で辞めてしまうのは、明らかに受け入れる側の責任です。『3日で辞めよう』と思って入社してくる人なんてひとりもいないんですから」（横手会長）

若手の早期退職を「若手の問題」と考えているうちは、問題は解決できません。これもまた「経営者の問題」なのです。

○社員間の相互理解を促進する仕掛けをちりばめる

協働意識を育むには、ＳＴＥＰ１、２で紹介したような、社員間の相互理解を促進するイベントや会議、あるいは気軽に雑談ができる雰囲気作りなどを多角的に仕掛けていくことが大切です。

例えば、他の社員への日々の感謝を伝える「ありがとうカード」を導入するのもいいでしょう。

また、組織間インターンシップなども効果的です。

「営業部門と技術部門の仲が悪い」「管理部門が現場に対して高圧的になっている」といった問題を抱える中小企業は少なくないはずです。これらの問題は、他部門の業務について、多くの社員が「知らない」ことが大きな要因です。

しかし、数日間でも他部門の仕事を体験することで、社員の考え方は大きく変わります。「なるほど、企画部門が勝手な動きをすると、経理にこのような迷惑がかかるのか」「技術部門の大変さも課題もわかった。もっと営業と意見交換できる仕組みを作ればお互いにとってメリットが大きい」といった発見がきっとあるはずです。

STEP4「切磋琢磨（せっさたくま）」
～重視すべきは即戦力人材ではなく、学び続ける人材・風土～

STEP3までを実践できたら、次に経営者が考えるべきなのは、個人と組織が成長し続ける仕組みを整えることです。

即戦力となる人材をいくらでも採用できるのであれば、それだけで効率的に業績を伸ばすこともできるでしょう。しかし、現実を見れば、そのような人材は、中小企業にとってはそもそも採用することが難しいうえ、仮に採用できたとしても、より条件が良い企業がほかに見つかれば、すぐに転職してしまいます。

中小企業の成長を支えるのは、一人ひとりの社員の成長です。そのために必要なのは、社員が学び続け、成長し続ける風土を醸成することです。

人が育つ会社には、個々人が自らの能力を高める機会があり、互いに競い合うことによって、その能力がさらに育つ仕組みがあります。

ＳＴＥＰ４では、そのような組織を創るための考え方や手法を紹介していきます。

○管理職の意識変革で「人が育つ現場」を創り上げる

働く人たちが成長するのは「現場」においてです。外部の研修を取り入れただけでは思うように人が育たないことは、多くの中小企業経営者が実感しているのではないでしょうか。研修を活かすためにも、まず「現場」を変える必要があります。

そのカギを握るのは、言うまでもなく現場の管理職です。小規模な企業であれば、その役割を経営者が担うこともあるでしょう。

経営者や上司が上から命令する、部下のやることに細かく口を出して管理する（あるいは完全に放置する）、結果だけを見て評価する――、これらはいずれも人が育たない現場に共通する特徴です。このような職場では、働く人たちに「やらされ感」が蔓延し、「自分で考えるより上司の指示に従っていたほうがいい」「結果が出る保証がないチャレンジはしないほうがいい」といった受け身的な考え方が定着してしまいます。

もし、これらの特徴が自社に該当するのであれば、研修の導入以前に、現場の改革が

最大のテーマです。

人は、自らが「成長したい」と感じない限り、成長することはありません。では、現場でどのような仕掛けをすれば、社員一人ひとりの成長へのモチベーションを高めることができるのでしょうか。ポイントは次の3つです。

①任される（任せる）
②やり遂げる（応援する）
③振り返る（内省させる）

それぞれ、太字が本人にとってのポイント、カッコ内は上司にとってのポイントです。順番に説明していきましょう。

①任される（任せる）

部下の成長を促すためには、本人に**自分の強みや持ち味を活かせる**「**少し背伸びをしなければできない**」**仕事を与え、それを任せることが大切です。**上司にとっては不安もあるでしょうが、確実にできることだけをやり続けている限り、部下の成長は期

待できません。筋力トレーニングで、徐々に負荷を上げていくことと同じです。

また、失敗しないように上司が逐一管理することもやめる必要があります。もちろん、報告・連絡・相談は重要ですが、上司が介入しすぎることは、部下の主体性を奪い、上司への依存心を強めることにしかなりません。やったことのない仕事に、自分の裁量で、小さな失敗も重ねながら取り組んでいくことで、人は伸びていきます。

②やり遂げる（応援する）

少しくらい壁にぶつかったり、失敗があったりしたからといって、一度任せた仕事を部下から引き上げることもＮＧです。このようなマネジメントを続けていると、部下は失敗を恐れるようになります。

上司に求められるのは、部下が自分に任された仕事を自分自身の力やり遂げるまで「応援する」ことです。与えるのは、答えではなくヒント。スタンスは、上からの管理ではなく、伴走。これらを意識して部下を応援してあげてください。やり遂げることで部下は自信を得ます。この自信が次なる成長への意欲へとつながっていくのです。

③振り返る（内省させる）

背伸びが必要な、やったことのない仕事にチャレンジするわけですから、失敗することもあるでしょうし、結果がうまくいったとしても、途中でやり方を間違えているケースもあるはずです。

ですから、部下が任された仕事をやり遂げたら、上司と部下が一緒にその仕事のプロセスを振り返ることが大切です。上司が結果だけを取り上げてその仕事を評価した場合、部下は何が良くて何が悪かったのかを正しく理解できません。プロセスを丁寧に振り返ることで、うまくいったことに関してはその理由を理解し、次の機会に応用できるようになりますし、失敗からは改善点を学ぶことができます。

この振り返りによって、部下は今の自分にどんな力があり、何が足りないのかを把握できます。それが、スキルアップのために自ら学ぶモチベーションとなるのです。

人が育つ現場を創り上げるには、上司が「目先の結果」以上に「部下の成長」を大切に考えることが必要となります。この意識改革を実現するには、経営者自身がブレることなくメッセージを発し続け、管理職を応援し続けることが求められるのです。

○社員の提案を吸い上げる仕組みを創る

人が育つ企業に共通している要素のひとつが、一人ひとりの社員が積極的に、経営や業務改善、新事業・新サービス・新商品、社内の新制度などに関する提案をし、かつ、経営者がそれを積極的に受け入れる風土と仕組みがあることです。

このような企業では、社員の中に、日々の仕事や生活から得た気づきを、組織に目的のために活かそうとする思考回路が育ちます。それによって、言われたことだけをやるのではなく、自分で考える力が自然と育つのです。また、提案したことが採用されれば、大きな喜びとやりがいを感じることができ、それがさらなる成長につながります。

多様なアイデアを反映することで、組織自体も成長します。経営者の発想だけでは得られない、現場での気づきがダイレクトに経営に反映されるようになるからです。

「アイデアがあれば積極的に提案してほしい」という経営者は少なくありません。し

かし、多くの企業では、その言葉も空しく、社員が自らどんどん提案するような状況にはなっていません。理由は簡単です。提案できる場を作っておらず、かつ実際に社員から提案があっても採用されることがほとんどないからです。「言ってもムダだ」という意識が浸透してしまっているのです。

「たまに提案があっても、内容が今ひとつなのだからしかたがない」と考える経営者もいるでしょう。しかし、経営者の方針や意向に完全に沿った提案でなければ採用しないのなら、そもそも社員から提案を募る意味がありません。

前出の中里スプリング製作所・中里社長は、「社員の提案はすべて実行する」と決めているそうです。無茶だと考える経営者もいるかもしれません。しかし、社員は経営者のこの言葉によって、自分たちが信頼されていることを実感できます。一人ひとりが責任を持って、組織全体のことを考えて提案するようになるので、結果として、提案の質は高まります。

中里社長のように「すべて」とまでは言い切れなくても、できるだけ多くの提案を

採用し、実行することで、社員の「提案しよう」というモチベーションは確実に高まります。大切なのは、「言ってもムダだ」と思わせないことなのです。

とにかくやってみて、うまくいかなかったらやめればいいのです。この失敗は、社員にとっても組織にとっても大きな学びになります。

また、ベテランの男性が揃う会議では、彼らの発言力がどうしても強くなり、女性や若手は意見を言いにくい雰囲気ができあがってしまっていることが少なくありません。

この点に関しては、埼玉県の菓子メーカーである三州製菓の取り組みがユニークです。

同社では、多様化する消費者のニーズに対応するためには、商品開発にあたって女性の意見が不可欠だと考えています。そのため、商品企画は全員女性を配置しました。

会議ではどうしてもベテラン男性社員の声ばかりが大きくなりやすく、女性は萎縮して意見が言えません。

そこで、同社では、企画会議中、若い女性が企画会議で発言しやすくするルールとして、男性の発言を禁止する時間を設けています。このルールがあることで女性が発言しやすくなるのはもちろんですが、同時に経営者・経営陣が女性に期待していることを伝えるメッセージにもなります。

「いつも同じ人間ばかりが会議で発言している」と頭を悩ませている経営者にとっては、今すぐにでも参考にしたい施策といえるでしょう。

このほか、社員の意見や提案を吸い上げる制度としては、定期的なアンケートの実施、社員が日々の生活で気づいた他社や他業種のサービスの良かった点・悪かった点を記入して掲示する「サービス改善発見シート」の導入などもあります。自社に適した方法を検討してみてください。

○社員の成長を促進する研修を企画する

第4章でも説明しましたが、外部研修はただ導入するだけでは、学んだことが身につきません。ですから、現場で学んだことを実践する機会を設けることが不可欠です。

そのためには、経営者や上司、先輩が、社員が研修で何を学んだかを把握している必要があるので、研修後は学んだ内容に関する報告会などの場を設けるとよいでしょう。学んだことが現場で実践できたか、できなかったとしたらその理由は何かといったこともしっかり振り返ることが大切です。

社内での研修も、社員の成長を促すために、さまざまな工夫をこらすことが可能です。いくつか実際に行われている例を紹介しておきましょう。

・経営者が講師を務める若手向け研修

経営者や経営幹部が講師を務め、新入社員や若手に経営理念やビジョンの理解・浸透を図る研修は、理念に基づいた人材育成を目指す上で有効です。このような研修は、日々の成長の土台となる考え方を養うことが目的なので、例えば、キャリアに関する考え方、人として大切にしたい価値などが講義のテーマとなることもあります。

経営者と新入社員・若手との距離を縮める機会になるほか、若手に伝える言葉を磨き上げる中で、経営者自身の考えもブラッシュアップされていきます。

・現場の社員が講師を務める研修・勉強会

研修を専門とする社員を置くということではなく、現場の社員が自分の専門分野に関して研修・勉強会の講師を務めるという意味です。研修テーマ自体を現場の社員が企画提案する企業もあります。

それぞれの社員が日々の業務や学びを通して得た知見を職場で共有することができると同時に、講師を務める社員にとっては、「人に教える」というプロセスを通して、身につけた専門性をさらに整理する機会となります。

研修の企画・運営や講師としての働きをしっかりと評価に反映する仕組み作りが導入にあたってのポイントです。

・ケーススタディ形式の研修

社員同士がディスカッションするケーススタディ形式の研修は、社員の主体的な参加を促す効果がありますが、中には既成のケースではなく、社内で過去にあったトラブルや失敗などをケースとして取り上げる企業もあります。参加した社員は、より身

近にケースを捉えることができますし、学んだこと、考えたことをすぐに職場で活かしやすいというメリットもあります。管理職や管理職候補などを対象とした研修にも効果的です。

STEP5「評価納得」
～職務と成果貢献に応じて粗利を公平に分け合う～

「働きがいのある」職場を創り上げるためには、STEP4までの取り組みに加えて、誰にも納得感のある評価制度を整備することが重要です。

ここで注意しなくてはいけないのは、評価の仕組みをガラス張りにすると同時に、会社の経営状況もガラス張りにして、すべてを社員にオープンにすることです。

そもそも日本の会社員は、会社の利益がどれだけあって、自分がその利益にどれだけ貢献しているかということをあまり知りません。だから、給料への不満が出てきやすい。「毎日これだけ働いているのだからもっともらっていいはずだ」という思いを根

拠なく抱いてしまいがちなのです。

このような不満を解消するには、「会社には今期これだけの粗利があり、それをこの評価制度に基づいて、貢献度に応じて公平に分配するとこの金額になる」という全体をオープンにする必要があるのです。

そこで、STEP5では、ガラス張り経営のポイントと公平で透明性の高い評価制度のポイントを併せて説明していきます。

○給料の原資をオープンに見せる

ガラス張り経営に関しては、私たちの会社でも取り入れている方法を紹介しましょう。

次ページの図9で示したように、当社では、労働分配率（みんなの稼ぎ／お役立ち粗利益）を50％以上の世の中平均より高めの水準にすることに決め、全員で共有しています。なお、当社では、利益はビジョンを実現したお客様の役に立つ結果としてついてくるものという考え方から、「お役立ち売り上げ」「お役立ち粗利益」という言い

図9　給料の原資をオープンに見せる

社内限

ビジョン実現のために働いた結果、お役立ち粗利益（付加価値・介在価値）でみんなの稼ぎは決まる
— お金に振り回されないために会社の数字に強くなる！— 会社はみんなで支え合う仕組み —

労働分配率 50% ＝ みんなの稼ぎ（給料 ＋ 賞与） ／ お役立ち粗利益（お役立ち売上 － 仕入れ（外注・原価））

※商売の基本
「入るを量って出るを制す」
↑お役立ち売上を増やす
↓仕入れ（外注・原価）を減らす

※価値手当に応じた稼ぎの手取り額は約50%控除

		半額会社負担	半額会社負担	3/2会社負担		全額会社負担
▲所得税	▲住民税	▲健康保険	▲厚生年金	▲雇用保険	▲介護保険	▲労災保険
10〜33%	5〜10%	9.9%前後	18.3%	1%	0.8%	0.3%

自分の付加価値とみんなの支え合いを意識して働こう

- 営業 20%
- 開発 15%
- 後方支援・庶務 10%
- 会社・ブランド 20%
- 外注・原価 35%

		・期〜3月（1Q）	・期〜6月（上期予測）	・期〜9月（3Q）	・期（通期予測）
お役立ち売上	＋	100,000	—	—	—
仕入れ（外注・原価）	−	35,000	—	—	—
お役立ち粗利益		65,000	—	—	—
みんなの稼ぎ（給料＋賞与）		32,500 (30,000+2,500)	— (−)	— (−)	— (−)
経費＋投資		25,500	—	—	—
会社存続益		7,000	—	—	—

※単位：千円

方をしています。

そして、経営に関する数字は、BS/PL、会社のお役立ち売り上げ、仕入れ、お役立ち粗利益、経費+投資、会社存続益、さらに給料の原資(みんなの稼ぎ)も、毎月のレビューですべて社員にオープンにしています。もちろん期ごとの数字も同様です。借り入れがある場合は、その数字も社員に知らせます。

この際、一つひとつの案件のお役立ち売り上げやお役立ち粗利益もすべてオープンにします。各案件に対する貢献度についても、営業が20%、開発が15%、後方支援・庶務が10%、会社・ブランドの力が20%というように、あらかじめ目安を決めていますから、どんな役割を担う社員であっても、自分がその案件でいくら分の稼ぎに貢献したかが、計算すればすぐにわかるのです。

また、お役立ち粗利益から生まれるみんなの稼ぎから、毎月の給料の原資合計を差し引いた残額はすべて、半期ごとの決算賞与として分配されますから、毎月のレビューを見ていれば、自分の次の決算賞与がこのままいけばいくら程度になりそうかもイメー

ジすることができます。なお、社員一人ひとりの決算賞与の分配率は後述する職務に応じて決まっています。

このようにすべてをオープンにすることのメリットは、社員が、自分が何をすればお客様のお役に立つことに貢献し、結果として収入が上がるのかを理解できることです。逆に言えば、給料が少ないと感じても、その理由をこれらの数字と自分の貢献度を掛け合わせることで理解できます。会社員であっても、自分で稼ぐ感覚を育ませるのです。

すると、日本の会社員が漠然と抱きがちな「給料が安い」という不満は明らかに軽減されます。社長の一存で給料が決まるという不満も軽減できます。給料や賞与は社長が自分の財布から出してくれているのではなく、社員自身がお客様に貢献することで稼いでいるという現場の意識も生まれてきます。もちろん、経営ですから、好調なときもあれば、厳しいときもあります。しかし、厳しいときにも、会社の現状を社員と共有すれば、どうすればいいのかをみんなで議論することができます。経営状態をブラックボックス化し、経営者がひとりで問題を抱えるより遥かに健全です。

その結果として、社員の意識は経営者への不満ではなく、「こうすれば上がるのだから頑張ろう」という方向に向かいます。実際、当社では、売り上げが厳しいときなどは、社員同士が自主的に「今月はあと〇件は契約を取りたいね。どういう作戦でいこうか」といった具合に話し合うことも珍しくありません。

そして、このように社員に数字をわかりやすく示すことができるというのも中小企業の強みです。大企業では、社員一人ひとりの貢献と財務諸表が乖離しすぎて、オープンにしたところで、全社員が腹落ちして理解することは難しいですから。

実は、このようなガラス張り経営は、『第1回日本でいちばん大切にしたい会社大賞（中小企業庁長官賞）』や経済産業省『ダイバーシティ経営企業100選』など数々の表彰歴のある、レーザー専門商社、日本レーザーでも取り入れられています。

日本レーザーでは、社員への情報開示を徹底しており、月次の決算、予算、各グループ別の利益率、さらに各営業担当者個人の受注と粗利の目標、進捗率、年計表など、経営にかかわるあらゆる数値をオープンにしています。また、考課賞与に加えて、

成果賞与は粗利の3%をその案件にかかわった社員間で分配するルール。その分配率は、営業担当者、技術部門担当者などが自分たちで話し合って決め、今まで一度も揉めたことはないそうです。

経営にかかわる数字をオープンにすることに抵抗を覚える経営者は少なくないかもしれません。しかし、やってみればわかることですが、まっとうな経営をしている限り、メリットこそあれ、デメリットなど実際にはないのです。

○職務と給料テーブルを連動させ、ガラス張りに

ガラス張りの評価制度についても、具体的な方法を紹介しましょう。

当社では、次ページの図10のように職務と職務要件を定めています。業務の系統ごとに3〜4段階に職務を分け、それぞれに求められる要件を記しています。ご覧の通り、シンプルなものです。よくコンサルティング会社が作成した複雑な職務分掌表を取り入れている会社がありますが、うまく運用できていないケースも少なくありませ

図10 プロフェッショナル職務要件

【プロデュース業務】	【調査・分析・企画・開発・推進業務】	【コンサルティング・講師業務】
エグゼクティブプロデューサー ●突き抜けた専門性や知見を活かし、市場を創造し、社内外ネットワークをダイナミックに活かしながら、社会に影響を及ぼせる ●顧客群・市場の変化を先取り、既成のコンテンツ・プログラムに留まらない革新的なお役立ちスキームを発案、全うできる	**エグゼクティブディレクター** ●突き抜けた専門性や知見を活かし、市場を創造し、社内外ネットワークをダイナミックに活かしながら、社会に影響を及ぼせる ●顧客、上司やプロデューサーが感動する創造的かつ革新的な調査・分析・コンテンツ・プログラム開発・営業推進等ができる	**エグゼクティブコンサルタント** ●突き抜けた専門性や知見を活かし、市場を創造し、社内外ネットワークをダイナミックに活かしながら、社会に影響を及ぼせる ●メディア取材や公的業務依頼が入るなど、有力な論客として認知され、コンサルティング業務・講師業務等で顧客企業そのものを改革できる
シニアプロデューサー ●高い専門性や知見を活かし、仕事を創出し、社内外を巻き込みながら、高付加価値を生み出せる ●顧客のニーズに応じて、斬新なコンテンツ・プログラムの組み合わせが企画提案でき、期待値を越える納品・振り返りでお役立ちを拡げられる	**シニアディレクター** ●高い専門性や知見を活かし、仕事を創出し、社内外を巻き込みながら、高付加価値を生み出せる ●顧客、上司やプロデューサーの期待値を越える調査・分析・コンテンツ・プログラム開発・営業推進等ができる	**シニアコンサルタント** ●高い専門性や知見を活かし、仕事を創出し、社内外を巻き込みながら、高付加価値を生み出せる ●顧客から指名が入るなど、その知識と経験が社外・市場から評価され、コンサルティング業務・講師業務において、圧倒的な満足度を得られる
プロデューサー ●仕事の目的を理解し、その方法に創意工夫を凝らしながら、周囲と協働しながら業務を完結できる ●顧客のニーズに応じて、既存のコンテンツ・プログラムを組み合わせて提案し、納品・振り返り・次なる提案ができる	**ディレクター** ●仕事の目的を理解し、その方法に創意工夫を凝らしながら、周囲と協働しながら業務を完結できる ●顧客、上司やプロデューサーのシナリオに沿った調査・分析・コンテンツ・プログラム開発・営業推進等ができる	**コンサルタント** ●仕事の目的を理解し、その方法に創意工夫を凝らしながら、周囲と協働しながら業務を完結できる ●FWが蓄積してきた知見と自身のビジネス経験をもとに、コンサルティング業務・講師業務ができる
	アシスタントディレクター ●上司や他メンバーからの指示のもと、定型業務を周囲と協働しながら確実に遂行できる ●他メンバーの仕事の一部をサポートできる	

ん。社員が理解しやすい制度を設計するには、シンプルさは大切な要素です。

この職務分掌表は給料テーブルと直接連動しています。それぞれの職務要件に基づいて、期ごとに各自が立てたミッション・意志目標（数字のみではない）をどれだけ達成できたか、そのためにどのように動いたかを総合して、○（目標が達成できた）、△（チャレンジはしたが未達）、×（やらなかった）の3段階で評価。なお、2期連続で○なら上位の職務に昇格することができます。

月々の給料は、職務と連動した給料テーブルと、組織ビジョン実現に向けたミッションの達成度、本人の成長度によって決まります。前出のお役立ち売り上げが影響するのはあくまで決算賞与。社員とその家族の生活を支える毎月の給料は安定させ、安心させるのです。こうして決してお金が目的にならないよう、このふたつは明確に分けて評価制度・給料制度を設計しています。

このように、毎月の給料を上げるために何をすればいいかも、社員にはガラス張りになっています。

第6章 会社を変えることにブレーキをかける問題への対処法

6

第5章では、「働きがい」溢れる組織を創るためのプロセスや具体的方法を説明しました。STEP1～5を着実に、本気で実践することができれば、必ずや改革は実現できると、私たちは確信しています。

しかし、現在置かれている状況は会社ごとに違いがありますし、何しろ人を相手にする改革ですから、何もかもが予定通り順調に進むということもまずありません。改革の過程では、思うようにいかず壁にぶつかったり、決断に迷いが生じたりすることもきっとあります。

そこで、第6章では、会社を変えようと動き始めた経営者にとってのブレーキになる、「よくある課題」をピックアップし、具体的な対処法を説明します。

問題1　思い切った投資をしたいが、経理の妻に「経費をかけるな」と止められる

A　妻に経理を任せるのはやめましょう。投資判断が鈍ります

例えば、従業員と懇親を図るためのイベントを開催するにしても、ビジョンを実現

するために新たな事業に乗り出すにしても、投資は必要です。もちろん無駄な経費は削減したほうがよいですが、必要な投資まで躊躇（ちゅうちょ）していては、改革は実現できません。

しかし、中小企業ではオーナー経営者の奥さんが家計のやりくりとともに会社の経理を担っていることがよくあり、この妻が大事な投資をする上でネックになることが非常に多いのです。もちろん、リスク回避という面ではよいものの、リスクのないところにリターンはないのも真理です。

会社の会計と家計は根本的に違います。『「好き嫌い」と経営』（楠木建著、東洋経済新報社刊）によると、日本電産創業経営者の永守重信さんは、あれだけ果敢にM&A投資をし、巨額の寄付をする一方で、自宅の歯ブラシとせっけんは、出張先のホテルの備品の使い残しを持ち帰ったものだそうです。会社の投資と家計の消費は全く性質が異なることがわかる典型例です。

経営には未来を見据えた投資が必要ですが、家計はどうしても目の前の出費を抑えることを重視しがち。悪気はないものの、長年家計を支えてきた奥さんには、無駄な出費を極力減らそうとする主婦感覚が身についてしまっている傾向があるものです。ましてや会社の売上げが自分の家の家計に直接影響するわけですから、余計な出費に思

えることには慎重になりやすい。これはある意味無理のないことなのです。社員には強くても奥さんには弱い経営者も多いですから、うるさく言われることで、せっかくの投資を断念してしまうことも実際によくあることです。

ですが、ダイナミックな投資判断ができることは、本来、中小企業のオーナー経営者だからこその強みです。その強みを損なっているのですから、妻に経理を任せることは、実質的な人件費削減になるというメリット以上に、デメリットが大きいと考えるべき。

そもそも経営者であるからには、お金の流れについて実務は社員に任せるとしても、大筋を把握しながら、投資や内部留保などの意思決定は人任せにせず、自分でやるべきです。

奥さん自身がよほど経営感覚に優れている場合を除けば、経理を任せることはおすすめできません。本人がやる気になって経理を担当しているとしたら説得は大変かもしれませんが、これも改革の一環だと考え、妻に経理を任せるのはやめましょう。

問題２　売り上げ数字に関してはエースだが、経営理念への共感度が低く、チーム創

りに後ろ向きな営業マンがいる

A　ご退場願いましょう。目先の売り上げより、全体で持続的な成果を出し続ける風土醸成を優先するべきです

これは、理念やビジョンを軸に据えて組織改革に取り組む場合に、多くの経営者がぶつかる問題です。

結論を言えば、まずはしっかりと話し合うべき。それでも相手に変わる気配がないならご退場願いましょう。解雇権の濫用(らんよう)にならないよう注意はしつつも、そこはドライに決断すべきです。

「理念だビジョンだと言っても、会社なんだから結局大事なのは売り上げだろう」という抵抗勢力がいると、組織全体の意識改革は確実に足を引っ張られることになります。その人物がエース営業マンのように社内的に影響力が大きい場合はなおさらです。

ＳＴＥＰ５で説明した、売り上げ偏重ではない評価制度を取り入れた場合は、この営業マンの評価は、どれだけ売り上げを伸ばそうが下がるでしょう。そうなれば、こ

の営業マンはさらに不満を募らせることになります。かといって「売り上げは上げているわけだから」と中途半端にこの営業マンを評価し続ければ、他の社員は「結局は売り上げじゃないか」と考えるようになります。

では、とことん話し合って考えを変えさせることはできるでしょうか。もちろん可能性はあります。しかし、他人の資質を根本から変えることは非常に難しいものです。私たちが提案してきた改革は、社員の資質を根本的に変えることを目的としているわけではなく、社員の中にある本質的な思い（＝「働きがい」を求める思い）に応えることを目的としています。それが潜在しているなら顕在化させることで、経営者の思いとちょっとしたズレがあるなら接点を探ることで、ビジョンでつながるサークル型組織を創ることを目指しています。

しかし、根本的に資質や本人が目指す方向性が違う場合には、いくら努力しても接点を見いだすことは難しい。であれば、そこにパワーをかけすぎるのは得策ではありません。

大切なのは、目先の売り上げをキープすることではなく、全員が持続的に成長していくことができる組織風土を醸成することです。それが実現できれば、長い目で見て

必ず組織全体の生産性が高まり、全体の売り上げも結果として伸びていきます。

ここは思い切った決断をすべきです。経営者としては、売り上げ数字が下がることに資金繰りの恐怖を覚えるかもしれませんが、ここは腹をくくるべきでしょう。実際、改革にあたり、ベテラン社員が８割方辞めていった中小企業もあります。経営への一時的な影響はもちろんあるでしょう。しかし、それによって改革にはむしろ拍車がかかるのです。

なお、この考え方は採用にも通じます。理念・ビジョンを軸に据えた経営に舵を切ったなら、採用もその方針を貫くべき。中途半端に、理念・ビジョンへの共感度が低い即戦力人材を採用すると、組織がバラバラになり、改革のスピードを鈍らせることになります。

問題３　若い社員に夢ややりたいことを聞いても、全く出てこない

A　むしろ会社の理念を浸透させるチャンスです

心のどこを探っても何ひとつ「夢」や「やりたいこと」の種も見つからないという人はそうそういるものではありません。ただし、種はあっても、自分自身でそれを掘り下げて考えていないため言語化されていないということは往々にしてあります。また、これまでの人生経験の中で思うようにいかなかった事柄が影響して、「夢なんて持ってもどうせ実現できない」と思いに蓋をしてしまっている人も多いはずです。

ですから、第5章のSTEP2で紹介したように、最初は、仕事・プライベートを問わず、何でもいいから、夢ややりたいことにつながるような本人の思いを引き出す工夫をしてください。

「今までの人生で諦めてきたことは何?」「お金と時間に制約がないとしたら何をやりたい?」「この会社での仕事があと3カ月で終わるとしたら何をやりたい?」「何をやっていると楽しい?」「身近な人に自分が一番輝いて見えると言われるのは何をしているとき?」といったキラークエスチョンを相手のペースを見ながら根気強く投げかけ続ければ、きっと、その社員の夢ややりたいことのヒントが出てくるはずです。

経営者と社員が車座になって、共に夢ややりたいことを語り合う中で、一人ひとりの思いを言語化し、会社の理念やビジョンを明確にしていくプロセスを踏むことは、理

念やビジョンをしっかりと浸透させるチャンスになります。

問題2で取り上げたように、中にはまったく経営理念やビジョンとの接点を見いだせない社員もいるかもしれません。しかし、今の若い人たちは、どこかで社会貢献欲求を抱いていることが多く、話を聞いていく中で、経営者にとっても気づきになるような「思い」に触れることも多々あるはずです。

なお、理念やビジョンが、全社員が一様に、一気に浸透することなどまずありません。オセロゲームのように、4枚ひっくり返したら、3枚ひっくり返されるということの繰り返しです。焦ることなく、かつブレることなく、粘り強く取り組んでください。

問題4　管理職が一般社員と変わらない意識で不満ばかり並べる

A　まずは管理職への権限委譲を断行しましょう

組織改革を進めるにあたって、管理職はキーになる存在。経営者と気持ちをひとつ

にして改革をリードしてくれなければ、組織全体の改革は望めません。

その管理職が一般社員と同じような意識に陥ってしまうのはなぜでしょうか。多くの場合、その要因は「任されていないこと」にあります。経営者や経営幹部であっても、上から管理・命令されているため、管理職にも「やらされ感」が蔓延してしまっているのです。厳しい言い方ですが、原因は経営者にあるのです。

ですから、改革にあたって管理職の意識を変えようとするなら、まず必要なのは権限委譲です。第五章ＳＴＥＰ１、２で紹介した相互理解や動機形成を進め、経営理念や組織ビジョンを共有すると同時に、現場のことは管理職に大胆に任せましょう。そのとき管理職は、実質的にははじめて「経営」側の立場に立つことになります。権限と責任はセットなのです。権限移譲できていないのに、経営者目線を求めるべきではないのです。

「自分が指示をしなければ管理職は動けない」と心配する経営者もいるでしょう。しかし、管理職が自律的でない組織のメンバーに自律性など育つわけがありません。経営者が上からの管理・命令を続ける限り、組織全体の成長は望めないのです。「任せら

れない」こと自体が、経営者自身が意識改革できていない何よりの証左です。

経営理念・ビジョンとの食い違いが起きないよう、意識のすり合わせは随時行ったほうがいいですが、「どうするか」は常に管理職自身に考えさせてください。そして、短期で評価を下すのではなく、1年程度の期間は管理職に与えてください。任せた結果、1年経っても改革の成果が上がらないようであれば、本人の適性を考えてプレーヤーに専念してもらうという選択肢もあるでしょう。

問題5 ランチ会やありがとうカードを取り入れても大半がしらけている

A まずは2割が変われば十分成功といえます

大前提として、第5章で説明したステップを踏まずに、ランチ会やありがとうカードなどの施策を単発で実施しても、それだけでうまくヒットすることはほとんどありません。「普段は社長自身が上から社員を叱責してばかりなのに、急にありがとうカードと言われても……」と社員がしらけるのも無理はありません。

しかし、丁寧にステップを踏んでいるにもかかわらず、社員の1～2割程度しか目立った反応を示さないこともあります。そんなとき、「これだけやってもダメなのか」と感じる経営者もいるかもしれませんが、最初に2割を変えることができれば、その施策は十分成功ではないでしょうか。

人や組織はそう簡単に一気に変化するものではありません。まずは少数に変化が起き、それが徐々に全体に波及していくものなのです。

2割に変化が起きたら、経営者が次にやるべきことは彼ら彼女らを徹底的にクローズアップすることです。変わり始めた社員たちこそが、会社の変革のメインストリームであることを、ことあるごとに全体に印象づけてください。

例えば、変わり始めた若手が自ら会議で何かを提案してきたら、内容に未熟な点があろうと、とにかく提案したこと自体を褒め、提案のいいところを取り上げ、「この方向で細かい点をもちょっとだけ修正して実行してみよう」という具合に積極的に採用する。これを繰り返していると、ほかの若手も「だったら自分も提案してみようかな」という気持ちに傾いていく可能性も大きいですし、今まで若手の提案など頭ごなしに否定することが多かった中堅・ベテラン社員は変化の潮目を実感するはずです。

その結果、半数以上に変化が見られるようになれば、改革はほぼ軌道に乗ったと考えていいでしょう。

問題6　朝礼を実施しているが、社員がイヤイヤ参加しているのが明らかで、空気が悪い

A　「社員が主役」の朝礼へとシフトチェンジしましょう

朝礼は、経営者と社員、あるいは社員同士の相互理解を図るためにも、朝から声を出し、体を動かすことで1日を気持ちよくスタートするためにも実施する意味があります。

しかし、経営者や経営幹部が延々と一方的に訓示などを話し続ける朝礼は、社員にとっては苦痛になりがちなもの。本質的には意味や意義があることでも、そこに「やらされ感」が生まれてしまっては台無しなのです。

その点を意識して朝礼を工夫している企業はたくさんあります。

ポイントは「社員が主役」にすることです。それも、社内的には地位やパワーがない、若手や派遣社員、パートタイマーなどが発言する機会を豊富に設けるのです。

例えば、現場で印象に残ったお客様の言葉やお客様のちょっとした変化などを共有する場にすることで、一方通行だった退屈な朝礼が、全員が主体的に参加できる楽しい朝礼に変わります。

経営者（あるいはファシリテーター役の社員）は、誰もが気軽に発言することができ、笑いがいくつも起きるような仕掛け、雰囲気作りに努めてください。

問題7　社員同士の仲が悪く、前向きなチーム作りのネックになっている

A　経営者自身が社員の人間関係に深入りして、役割を変えてください

社員の人間関係に関する問題を放置しておくと、確かにビジョンでつながるサークル型組織を創り上げるうえで、大きな障害になることがあります。この場合、問題の性質によって、経営者の採るべき対処法は分かれます。

例えば、中堅・ベテランの女性社員たちがなし崩しに若手女性社員たちの尻拭い役をさせられている一方で、当の若手女性社員ばかりがちやほやされていれば、中堅・ベテラン女性社員たちのイライラは必然的に募ります。それが、結果として若手への意地悪やいじめに発展してしまうこともあるでしょう。

どのような職場でも起こりうることですが、このようなケースは、経営者、あるいは上司の役割任用に問題があるのです。

実際にこのようなトラブルがあったある企業では、若手の面倒を見ることを中堅・ベテラン女性社員の役割として明確に位置づけ、手当も出すようにしたところ、問題は治まったそうです。つまり、中堅・ベテラン女性社員たちは「言われてもいない若手の尻拭いを日々しているのに、ちやほやされるのは若手。自分たちは損ばかりしている」という不満を抱いていたということなのです。それが自分の役割なのだと認識できれば、意識は十分変わり得ます。

このように役割任用の工夫で改善できる場合もあるのですが、それだけではどうしようもない場合もあります。

本質的に性格が合わないなど、決定的に人間関係が悪くなっている社員同士をなん

とか仲良くさせるというのはさすがに難しいものです。その場合には、お互いがなるべく接点を持たないように、チーム内での役割分担を調整する、勤務する店舗を分ける、席を離す、早番・遅番などがある職場ならシフトを分けるといった工夫が必要です。

いずれにしても、面談などを通して、経営者は社員の人間関係をしっかり把握することが大切です。「あまりそこに立ち入るのもどうか」と考える経営者もいるでしょうが、それができるのも、中小企業の強みのひとつです。

社員は家族も同然です。長女と次女の仲が悪いことに気づきもしないのでは親として問題があると言わざるをえないように、社員同士の人間関係に無頓着なのは経営者として問題だと考えるようにしてください。

社員同士の人間関係には愛情を持って深入りすべきなのです。

問題8　社員Aの弱みを補強できる強みを持った社員Bが存在しない

A　本当にそうでしょうか。他の社員へのヒアリングを重ねることで、経営者が

気づいていない強みを発見できることもあります

第5章では、それぞれの社員の強みと弱みをパズルのピースのように組み合わせたチーム創りを提案しました。しかし、問題8のようなケースも当然出てくるはずです。

その場合、まず経営者がやるべきことは、面談の機会を利用して、社員一人ひとりに他の社員の強みに関して話を聞くことです。経営者が上から見ているだけでは見えてこない強みもきっとあるはずですから、自分ひとりで社員の強み・弱みを決めつけず、常に多面的評価を意識するようにしてください。

その結果、パズルのピースが見つかる場合もあります。

それでも、適切なピースが見つからない場合は、そこが採用のポイントになります。「どのような強みを持った人材が必要か」が明確になることで、例えば、「若手と異業種からの転職者ばかりで、今は業界知識が十分にある人材が現場にいない。同業界での経験豊富なシニアを採用して、抜けているピースを埋めよう」といった具合に採用戦略も立てやすくなるはずです。

なお、弱みを本当にそのままにしておいていいのかと疑問を持っている経営者もい

るでしょう。

　経営者目線で社員を見ると、どうしても「弱み」に目が行きがちです。もちろん、「弱み」を指摘されれば、その社員は改善に向けて努力はするでしょう。しかし、「弱み」の指摘には、社員の自信を失わせるというマイナス要素があります。また、リストアップされた「弱み」を一つひとつ解消していくやり方は、人の学習や成長のメカニズムを考えても決して効率がいいとはいえません（学生時代、苦手科目の克服に苦労した経験は誰にでもあるのではないでしょうか）。

　一方、経営者や上司が「強み」に目を向けることで、社員は自信を持つようになり、自己効力感を得ることができます。それが、働くこと、もっと成長することへのモチベーションになる。人は得意なことを伸ばすためなら前向きに頑張ることができるのです。

　だからこそ、「弱み」の改善にパワーを注ぐよりも、「強み」を伸ばすことにパワーを注いだほうが、個人も組織も成長していけるというのが私たちの考え方です。

　そもそも、古いパラダイムと新しいパラダイムでは、求められる人材像に違いが生まれてきています。

昭和の同質性の高いピラミッド型組織では、平均的に総合力が高い人材が求められていました。しかし、働く時間に制約のある子育て中の女性も、日本語によるコミュニケーションが完璧ではない外国人も、体力が衰えてきているシニアも働くダイバーシティ環境下では、それぞれの「弱み」を言い出したらきりがありません。むしろ、「強み」に注目し、活かしていこうという流れは、大企業も含めて起きていることです。

社員の「弱み」をそのままにしておくことには不安もあるでしょう。しかし、それは、経営者や管理職が、それぞれの「強み」を活かす役割分担をすることで、チームとしてある程度解消することができるのはこれまで説明してきた通りです。

そのうえで、経営者が「『弱み』は見ない。『強み』だけを見る」と強力にメッセージを発し続けることで、社員の自信やモチベーションを高めることができます。

大企業と比べると総合的に力がある人材を集めにくい中小企業にとって、このメッセージは、人と組織を育てるために極めて重要な戦略のひとつだと考えてください。

問題9　苦労して人を育てても他社に持っていかれてしまう

A　社外にOBネットワークが広がることをプラスに捉えましょう

会社としてしっかりと人材育成に取り組んでも、ようやく成長したと思ったら他社へ転職してしまうというケースは実際に多々あります。今の時代、個人のキャリア選択はあくまで一人ひとりの自由ですから、無理に引き留めることはできません。

では、中小企業は人を育てても損をするばかりなのでしょうか。

決してそんなことはありません。大切なのは、一人ひとりをしっかりと育て続けることによって、人が育つ風土を醸成することです。それが実現できた組織では、一人が辞めても、次々に新たな人材が育っていきます。これが大前提です。

また、育った人がキャリアアップ転職することにはプラスの面もあるのです。

退職する社員とも良好な関係を築いておけば、同業の大手やクライアントになり得る企業に転職した元社員から、仕事の提携話や発注が来ることもありえます。実際、そのようにして、大手との取引を広げている企業もあります。

そのためには、自社ＯＢとのネットワークをしっかりと作り、定期的に会合を開く

などの施策も有効です。もちろん、社員がキャリアアップ転職する際には気持ちよく送り出すことも大切になります。

そもそも育てた人を囲い込むという発想は、古いパラダイムに属します。今は「育てたんだからその分は長年勤め上げて返さないといけない」という考え方自体が組織内に内向きで息苦しいムードを作ってしまうのです。それよりも、それぞれが会社と対等な関係を築き、自由に伸び伸びと自分のキャリアを考えられるような環境を創り上げるべきです。

結果として、健全な流動性は組織をより活性化し、魅力的にするのですから。

問題10　相互理解のための飲み会をセッティングしたら、「それは仕事ですか?」と聞かれた

A　「仕事です」と答えましょう。そのため、開催は業務時間内にしてください

仕事とプライベートをしっかり分ける傾向がある若手世代にとって、プライベート

な時間を潰して会社の飲み会に参加するのは苦痛に感じられることもあります。

しかし、経営者と社員、社員同士の相互理解を図るためには、飲み会のようなインフォーマルなコミュニケーションの場は重要です。そのため、会社の飲み会の位置づけを従来のように曖昧にせず、「相互理解のために必要なこと（＝仕事）」とはっきりアナウンスしてください。目的や意味をしっかり伝え、仕事として業務時間内に会社の経費で開催すれば、若手世代も納得して参加するはずです。

「随分面倒な時代になってしまったな」と感じる経営者も多いでしょうが、このあたりは世代間の価値観や考え方の違いだと受け止めましょう。

なお、業務時間内の飲み会もただ漠然と開催し続けているだけでは、形骸化してしまいがちです。ときには「夢を語り合う」などテーマを決めたり、お互いの価値観を知るゲームを取り入れたり、スポーツなど趣味系のイベントを開催したりと、社員が義務的に参加する空気が生まれないよう工夫をすることが大切です。

問題11　社員が大手や取引先に対して卑屈になっている

A　社員が前向きに取り組めない取引先の仕事は断る勇気を持ちましょう

「どうせウチは下請けの中小企業だから」「取引先が言うんだから無理な要望でも受け入れざるをえない」――、中小企業で働く人たちからは、このような言葉を聞くことが少なくありません。

実際、取引先に無理を言われて望まない過重労働を受け入れたり、強引な値引きに応じたりといったことも頻繁に起こっています。取引先には逆らうことなどできないと、多くの中小企業社員が思い込んでいるのです。

また、競合他社との競争にしても、どうせ大手には勝てないという諦めムードが最初からはびこっていることも多いでしょう。

このような卑屈さが社内に蔓延するのは決して健全なことではありません。

そもそも、大手や取引先とのこのような関係は、決して覆すことができないわけではありません。下請けの中小企業であっても高い付加価値を提供することで、他社と差別化を図り、取引先と対等な関係でビジネスをしている企業はたくさんあります。

自社の特色を活かして工夫をすることで、ニッチな分野では大手に負けない実績を挙げている企業もあります。むしろ大手企業のほうが抱えるものが多く、時代の変化に機敏に対応できず、苦慮しているのが現代の傾向です。だから、大手企業がこぞって、中小・ベンチャー企業に投資するなど、積極的な提携を模索しているのです。

経営者は社員が誇りを持って仕事に取り組める経営をすべきです。では、そう決断したとき、まず経営者にできることは何でしょうか。

社員を苦しめている取引先の仕事を断ることです。

もちろん取引額が大きければ、会社にとっては、一時的には大きなダメージでしょう。ある企業では、経営者本人ですら誇りを傷つけられ気の進まない大口の取引先をどうするか悩んでいました。経営者自身のためにも社員のためにも断ることを提案しましたが、「そうはいってもその取引額がなくなったら、ウチはやっていけない」と肩を落としました。気持ちはわかりますが、これでは経営者自ら下請け根性を組織に刷り込んでいるようなものです。すぐには無理なら、新たな販路や取引先を開拓しながら計画的に取り組んでも構いません。覚悟をもって社員が誇りを持てる取引にシフトしていくべきです。しかし、社員をネガティブな気持ちにし、働くことが苦役にな

るような仕事に固執することは、会社の未来を考えれば決してプラスにはなりません。そのような組織ではいつまで経っても「働きがい」など得られないのですから。

『下町ロケット　ガウディ計画』（池井戸潤著、小学館刊）の終盤、町工場を営む主人公・佃航平はこうつぶやきます。

「仕事に夢がなくなってしまったら、ただの金儲けです。それじゃあつまらない。違いますか」

金儲けだけとしか感じられない仕事を、勇気を持って「断る」という決断ができるかどうか。まさに経営者の改革への本気度と度量が問われるところです。

おわりに

私たちＦｅｅｌＷｏｒｋｓ、グループ会社の働きがい創造研究所も中小企業の一つです。さまざまな方々とのご縁や支えを得て、私たち自身も日々成長しながら、創業から10年の節目を越えることができましたが、その道のりは決して平坦なものではありませんでした。振り返れば失敗ばかり、紆余曲折（うよきょくせつ）の連続です。

本書では、一貫して「働きがい」というお金ではない価値を追求することこそが、人が集まり、定着し、育ち、活躍する鍵であり、中小企業の持続的成長や変革の軸になるとお伝えしてきました。しかし、経営者の私（前川）自身、創業当初は出身の大企業にいた経験に引きずられ、社員の頑張りに応えるのはお金だと考えていた時期もあったのです。

お金のインセンティブ制度を導入したこともありましたし、売り上げもままならないのに、背伸びをして社員の給料を上げ赤字になったこともありました。

しかし、インセンティブを取り入れても、そもそも社員数も少なかったですし、社

内で競争が成立するほど契約を取れる経営状況でもありませんでした。また、成果に関係なく給料を上げたところ、社員は徐々にそれを当たり前だと思うようになり、逆に大企業の待遇と引き比べて不満が溜まるなど、モチベーションアップにつながることもなかったのです。

このような経験を重ねる中で、人はお金で動くものではないこと、働く人たちの意識がそのように変わってきていることを痛感したのです。

また、大企業・中小企業を問わず、さまざまな現場や働く人たちを見ている中で、この国に「働きがい」が失われつつあること、そして現場で働く人々がこの「働きがい」をこそ求めるようになっていることもひしひしと感じていました。

一方で、多くの修羅場を乗り越えてきた優秀な企業経営者・経営幹部の方々のお話を伺う中で、さらに、変わろうとする様々な企業を人と組織の面から支援する中で、パラダイムの転換が起きている今こそ、中小企業に大きなチャンスが訪れていると確信するに至りました。

そんな思いから、2017年に、中小企業や医療機関の支援に特化した働きがい創造研究所を設立し、田岡英明氏が社長となり、日々支援に奔走しています。

ただし、「働きがい」溢れる組織を創ることは、本書で一貫して述べてきた通り、決してひとつの制度の導入や単発の施策では実現できません。思いつきの一手や新しい人事ツールひとつで会社がガラリと変わることもありません。経営者と社員が相互理解を深め、共にビジョンを創り上げながら、いくつもの壁を乗り越え、ときには後戻りもしながら、成し遂げられるものなのです。

そのとき、経営者が語るべきなのは、改革のためのいくつもの取り組みを結びつけるストーリーです。このストーリーに魂を込めることが、改革に向かう経営者には求められています。

『下町ロケット　ガウディ計画』で、社内外の様々な人間模様に翻弄され、苦労に苦労を重ね、奇跡的に社運を懸けた仕事を勝ち取ったとき、佃航平社長は社員の前でこ

う語ります。

「みんなの努力が正当に報われたと思う。ありがとう。研究員から社長になって、もう十年以上になる。無我夢中でやってきたけど、その中から学んだこともある。会社って、こうやって成長していくものなんだな。みんなと同じ成功体験をくぐり抜け、ときに何かを失いながら、何かを得ていく。結局は、その繰り返しなのかも知れない。それは楽な道じゃ無いと思う。だからこそ、お互いに励ましあって、支え合っていかなきゃいけないと思う。今日はそれを学んだ。これからも頼むぞ」

中小企業の経営者は、大企業のサラリーマン経営者とは異なり、自分の人生を懸けて経営に取り組んでいることを私たちは知っています。

同時に、経営環境の急激な変化、毎月の資金繰り、深刻な人材不足、そして、国が一方的に押しつける税制や働き方改革の導入などに頭を悩ませ、ときに自信を失っている姿も目の当たりにし続けています。

社員と共に「働きがい」溢れる会社を創る道のりは、経営者が失い欠けていた自信

を取り戻す道のりでもあります。

今から、いや、今だからこそ、経営者が変わることで、社員が一生働きたいと思える会社を創りましょう。

株式会社ＦｅｅｌＷｏｒｋｓ　代表取締役　前川　孝雄
株式会社働きがい創造研究所　取締役社長　田岡　英明

前川孝雄（まえかわ・たかお）

（株）FeelWorks 代表取締役／（株）働きがい創造研究所会長／青山学院大学兼任講師
人材育成の専門家集団（株）FeelWorks グループ創業者。兵庫県生まれ。大阪府立大学、早稲田大学ビジネススクール卒業。（株）リクルートを経て、2008 年に「人を大切に育て活かす社会づくりへの貢献」を志に起業。独自開発した「上司力研修」「キャリアコンパス研修」「育成風土を創る社内報」などを手掛け、約 400 社で「人が育つ現場」創りを支援。一般社団法人企業研究会協力委員、ウーマンエンパワー賛同企業審査員。『「働きがいあふれる」チームのつくり方』（ＫＫベストセラーズ）、『上司の９割は部下の成長に無関心』（PHP 研究所）、『「仕事を続けられる人」と「仕事を失う人」の習慣』（明日香出版社）など著書多数。

田岡英明（たおか・ひであき）

（株）働きがい創造研究所取締役社長／（株）FeelWorks エグゼクティブコンサルタント
1992 年、国内製薬大手の山之内製薬株式会社（現在のアステラス製薬株式会社）に入社し、全社最年少のリーダーとして年上から女性まで多様な部下のマネジメントに携わる。神戸大学金井嘉宏教授監修の研修により、建築家安藤忠雄氏、元経済同友会会長北城恪太郎氏、元防衛省陸上幕僚幹部防衛部長陸将補番匠幸一郎氏、女性のアイデンティティの第一人者広島大学岡本祐子教授らに師事し「人間力」を学ぶ。その後、仕事に悩む若者に対し M・チクセントミハイの「フロー理論」をもとに「ひよこ倶楽部」と銘うって、若手の勉強会を展開。2014 年、（株）FeelWorks に入社。2017 年、中小企業や医療機関への直接的支援を行う「（株）働きがい創造研究所」を設立。取締役社長に就任。

もう、転職はさせない！ 一生働きたい職場のつくり方

2018 年 11 月 14 日　初版第 1 刷発行
2019 年 1 月 31 日　初版第 2 刷発行

著　者　前川孝雄　田岡英明
発行者　岩野裕一
発行所　株式会社実業之日本社
〒107-0062　東京都港区南青山 5-4-30
CoSTUME NATIONAL Aoyama Complex 2F
【編集部】TEL.03-6809-0452
【販売部】TEL.03-6809-0495
実業之日本社のホームページ
http://www.j-n.co.jp/
印刷・製本　大日本印刷株式会社

ISBN978-4-408-33825-5（第一ビジネス）

【著者が代表を務める人材育成コンサルティング企業グループについて】

株式会社 FeelWorks

http://www.feelworks.jp/

※この本のご感想、研修・コンサルティングなどのご依頼、お問い合わせは

info@feelworks.jp　03-6206-2771

●事業内容：

『この国に「人が育つ現場」を取り戻す』をビジョンに掲げ、独自の「コミュニケーション・サイクル理論」をもとに、2008年の創業以来、大手企業を中心に400社以上の人材育成などを支援している。』

●主なサービス：

【管理職向けサービス】

・部下を育て活かす「上司力研修」シリーズ（若手を育てる・女性の活躍を支援する・年上の部下を喚起する etc.）

・制約を持つ人材を活かす「ワークライフマネジメント経営講座」

・女性が活躍できる「組織の創り方研修」

・部下との信頼関係を構築する「傾聴研修」

・組織を主体的に動かす「ファシリテーション研修」

・部下との面談で思いを引き出す「質問力研修」

【中堅社員・管理職候補層向けサービス】

・組織の中核を担う「プロフェッショナルマインド研修」

・後輩を指導するOJT力を強化「先輩力研修」

・ベテランのための「ライフキャリア研修」

・女性のための「組織で活きるコミュニケーション研修」

【新入社員・若手社員向けサービス】

・ドラマ映像で学ぶ「働く人のルール講座」

・組織人の自覚を持たせる「キャリアコンパス研修」（内定者・新入社員・3年目社員 etc.）etc.

【オリジナルケーススタディ開発サービス】

【風土改革のための社内報編集サービス】

株式会社 働きがい創造研究所

http://www.hatarakigai.jp/

info@hatarakigai.jp　03-5640-5200

●事業内容：

『働く人々の「働きがい」創造により、「一人ひとりの目の輝く社会」を実現するをミッションに中小企業や医療機関の"組織改善ドクター"として組織開発支援を行っている。』

●主なサービス

【経営者・幹部向けサービス】

・組織力を最大化する「人を活かす経営者ゼミ」

・働きがいあふれる組織醸成への経営層伴奏支援「組織開発ファシリテーション」

【総務・人事向けサービス】

・自社の組織を変革する「組織開発社内コンサルタント養成講座」

【セカンドキャリアへの道】

・働きがいを社会に広める「働きがいを育む講師養成講座」

【医療機関向けサービス】

・働きがいあふれる医療組織醸成への経営層伴奏支援「組織開発ファシリテーション」

・医療者のコミュニケーション能力向上「コミュニケーションアドバイザー養成講座」

【働きがい診断ツール】

・働きがいを見える化する「働きがいサーベイ」